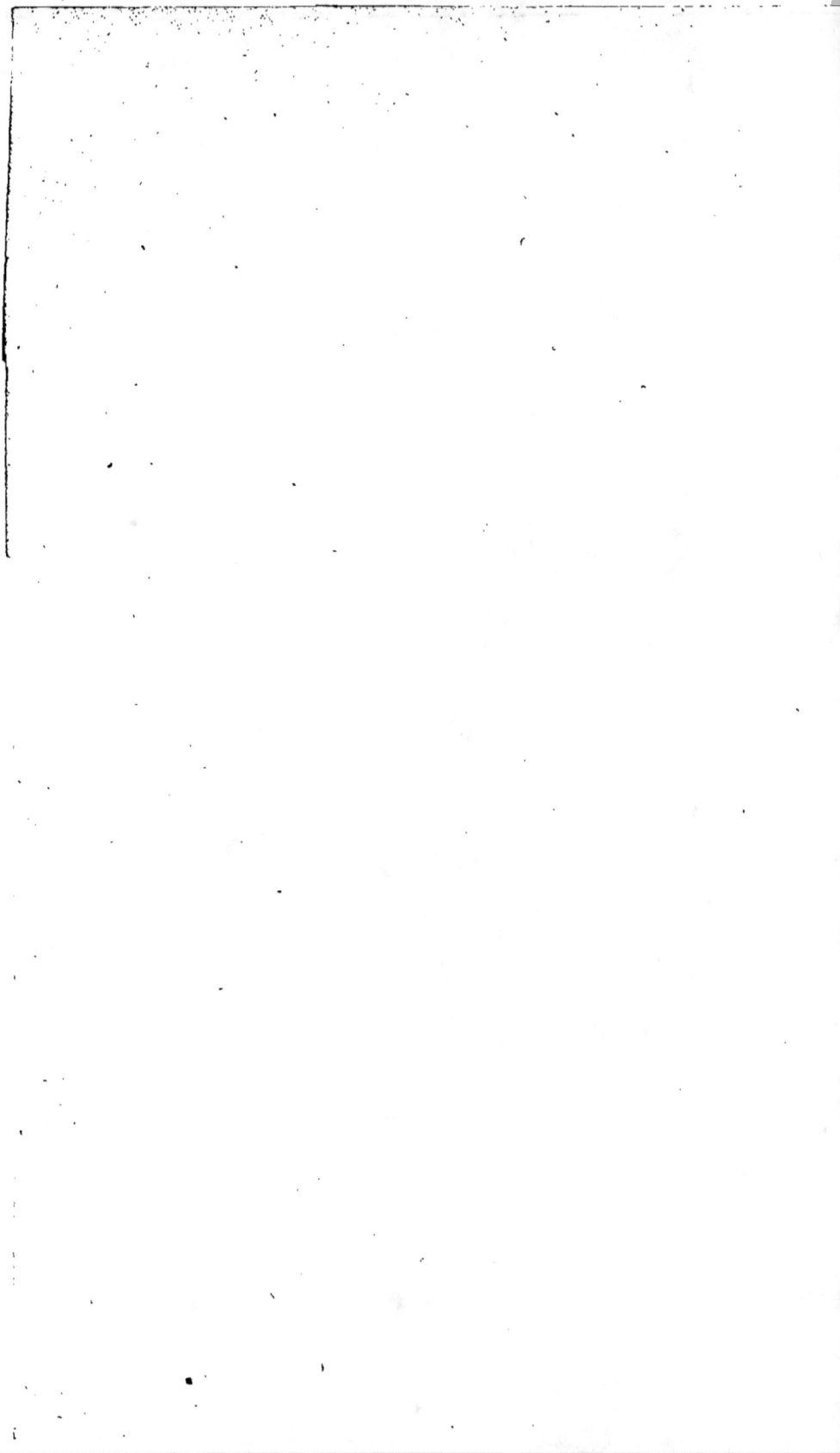

ESSAI

SUR L'ÉTABLISSEMENT

DES HÔPITAUX

DANS LES GRANDES VILLES.

ESSAI

SUR L'ÉTABLISSEMENT

DES HÔPITAUX

DANS LES GRANDES VILLES.

Par l'Auteur du Mémoire fur la néceffité de transférer & reconftruire l'Hôtel-Dieu de Paris.

Salus Populi fuprema lex efto.

A PARIS,

DE L'IMPRIMERIE DE PH.-D. PIER'RES,
Premier Imprimeur Ordinaire du Roi, &c.
Et fe trouve
Chez DESENNE, Libraire, au Palais Royal ;
& les Libraires qui vendent les Nouveautés.

M. DCC. LXXXVII.
Avec Approbation & Privilége du Roi.

ESSAI

Sur l'Établiſſement des Hôpitaux dans les grandes Villes.

L e projet de M. Poyet a excité une fermentation générale , & le Gouverne-ment l'a partagée. L'attention publique, détournée tant de fois d'un objet ſi propre à la fixer , s'eſt reportée avec une activité nouvelle ſur les maux preſſans dont les pauvres de la Capitale ſont depuis ſi long-temps les victimes. Cette queſtion tient de trop près à l'intérêt du Peuple, pour qu'il ne ſoit pas appellé à l'examen de ſes droits & à la déciſion de ſon ſort. Tel étoit le

but du Miniſtère, lorſqu'il autoriſa la pu-
blication de mon Mémoire ſur l'Hôtel-
Dieu; tel il étoit encore, lorſqu'il a chargé
l'Académie des Sciences d'examiner ce
Mémoire & le Projet qui l'accompagnoit,
& ce Corps éclairé ſent trop bien quel ſecours il peut tirer de l'opinion publique,
pour ne pas accueillir & favoriſer tous les
moyens de la fixer & de la faire connoître.

Je crois donc répondre aux intentions
du Gouvernement & à celles de l'Académie, en ſoumettant au jugement du
Public pluſieurs idées propres, ce me ſemble, à jetter un nouveau jour ſur cette in-
téreſſante diſcuſſion. Il ne s'agit plus ici
du Projet de M. Poyet. Je crois avoir tout
dit ſur cet objet, ſoit dans mon Mémoire,
ſoit dans la Réponſe que je fis il y a huit
mois aux Objections qui nous furent alors
oppoſées (1). C'eſt déſormais à l'Académie

_____

(1) Voyez les Ouvrages intitulés : *Relevé des principales
erreurs contenues au Mémoire ſur la néceſſité de transférer
l'Hôtel-Dieu de Paris*, chez Hardouin & Gattey, au Palais Royal; & *Supplément au Mémoire ſur la néceſſité de*

qu'il eſt réſervé de prononcer. Mais à cette diſcuſſion ſe ſont mêlées depuis des queſtions nouvelles & plus générales : je vais eſſayer de les approfondir. En s'intéreſſant au Projet de M. Poyet, la voix publique nous remercia tous deux d'avoir contribué à remettre ces objets ſous les yeux du Gouvernement. Elle nous donna dès-lors le droit de continuer à être les Avocats du pauvre. C'eſt ce droit que je réclame. Mon devoir eſt d'en uſer avec tout le reſpect que je dois à une cauſe pareille.

Les diverſes queſtions dont je vais m'occuper pourront d'abord paroître peu liées en apparence, mais un nœud ſecret les unit toutes. Le ſuivre & l'indiquer à meſure rallentiroit ma marche. J'aime mieux laiſſer mes idées ſe claſſer d'elles-mêmes, & leur enſemble en rendra le réſultat ſenſible.

---

transférer l'Hôtel-Dieu, ou *Analyſe du Relevé des principales erreurs contenues dans cet Ouvrage*, chez Defenne, au Palais Royal, & autres Libraires.

CHAPITRE I.

Des devoirs du Gouvernement envers les Pauvres.

S I tous les hommes naiſſoient forts, riches & ſains, ils n'auroient qu'à jouir des bienfaits de la Nature. Il n'exiſteroit pas de beſoins particuliers, il n'en exiſteroit dèslors pas de publics. Toute union préſuppoſe l'idée de foibleſſe : tout rapprochement préſuppoſe un beſoin. Du moment où il exiſte un foible, un pauvre, un opprimé, il a beſoin d'une force extérieure qui puiſſe l'aider, le ſecourir ou le défendre. Cette force eſt le Gouvernement. Le Gouvernement n'exiſte donc que pour les pauvres, les foibles & les opprimés ; ſans eux on n'auroit jamais eu beſoin de l'établir.

L'un des premiers devoirs du Gouvernement, dira-t-on peut-être, eſt de maintenir les propriétés, & le pauvre n'en a point. Mais, ſi les riches ceſſoient d'en avoir, ils deviendroient pauvres. C'eſt pour les empêcher de le devenir qu'exiſte la loi de la propriété. Ce n'eſt donc point à la rigueur une loi pour les riches ; c'eſt une loi défenſive & protectrice, deſtinée ſinon à détruire, du moins à prévenir le beſoin ; c'eſt encore une loi pour les pauvres.

Les idées de ſociété, de gouvernement, de ſecours publics, ſont dans la nature : car l'idée de compaſſion y eſt auſſi, & c'eſt cette idée primitive qui leur ſert de baſe. Tout autre ſyſtême tendroit à rendre offenſive une arme qui ne fut créée que pour défendre. Loin donc de nous la penſée que le pauvre ſoit fait pour ſervir le riche, ou le foible pour ſervir le fort. Le valet ſert ſon maître, & celui-ci en le nourriſſant le ſert à ſon tour. Loin de nous encore plus l'idée que le Gouvernement ſoit fait pour ceux qui n'ont beſoin de rien. Il ne doit qu'à ceux qui ont beſoin, & il leur doit en raiſon de l'étendue de leurs beſoins.

Si l'égalité des fortunes & des conditions étoit poſſible, ſon devoir feroit de

A 3

l'établir. Il doit au moins chercher à approcher autant qu'il eft en lui d'un équilibre que les paffions humaines, & peut-être encore plus l'irrégulière diftribution des biens & des maux phyfiques, l'empêchent de maintenir à la rigueur. De cette inévitable inégalité réfultent, il eft vrai, des combinaifons avantageufes. Elle produit les liens, les befoins mutuels; & fans elle peut-être, ce qu'on appelle *vertu* n'exifteroit pas, ou feroit inutile. Mais c'eft auffi de cette inégalité pouffée à l'excès que naiffent tous les crimes. L'idée première du crime fuppofe des befoins extrêmes. Si dans les grandes Sociétés les crimes font plus communs, c'eft parce que l'inégalité y eft plus grande. Si l'on peut y en citer de moins motivés, c'eft que la dépravation des mœurs, en en multipliant les exemples, a affoibli à la longue l'horreur qu'ils infpirent naturellement à celui que le befoin extrême n'a pas égaré.

Les befoins extrêmes font donc ce que le Gouvernement eft le plus intéreffé à

prévenir. Rien à ſes yeux ne doit être plus
ſacré, ni plus reſpeſtable. Il doit peu à
celui qui manque de peu : il doit tout à
celui qui manque de tout.

Ces réflexions acquerront plus de force
encore, ſi nous portons les yeux ſur les
ſervices que rendent à l'État les claſſes
inférieures, c'eſt-à-dire, les claſſes ſouf-
frantes de la Société. Sans elles, le riche
ne ſeroit ni logé, ni habillé, ni nourri.
C'eſt pour lui que l'artiſan, monté ſur un
frêle échafaud, élève au péril de ſa vie
des poids énormes au ſommet de nos édi-
fices ; c'eſt pour lui que le cultivateur
brave l'intempérie des ſaiſons, & les fa-
tigues accablantes de la culture ; c'eſt pour
lui qu'une foule d'infortunés vont chercher la mort dans les mines & dans les
atteliers de teinture ou de préparations
minérales. Et que fait-il cet homme ſeul,
pour lequel tant d'autres ſouffrent ? Il
jouit, & ne jouit que parce qu'ils ſouffrent.
Qu'auroit-il à leur dire, ſi l'excès de leurs
maux & la comparaiſon déſolante de leur

fort au fien les réduifoient au défefpoir?
Rien. La Nature leur devoit autant qu'à
lui. Ils ne feroient que rentrer dans leurs
droits.

Ces vérités font trop générales pour
trouver des contradicteurs, & je ne crains
point de les voir directement combattues;
je crains feulement que l'on n'en élude les
conféquences, ou que l'on n'en circonf-
crive les applications. On l'a déja fait
d'avance dans un Ouvrage que j'ai en ce
moment fous les yeux (1). L'Auteur n'a
pas craint de chercher à borner les droits
du pauvre. La fenfibilité qu'il a répandue
dans fon écrit eft trop vive pour être
feinte, & je fuis loin de le foupçonner de
ne prendre qu'un foible intérêt à l'objet
qui nous occupe tous deux. Mais n'auroit-
il pas trop écouté des idées de fageffe &
d'économie qui, toutes louables qu'elles
foient, pourroient fervir de prétexte à

---

(1) *Idées fur les fecours à donner aux pauvres malades
dans une grande Ville.* Philadelphie; & fe trouve à Paris,
chez Moutard, rue des Mathurins,

des vues directement contraires à celles de bienfaisance & d'humanité qui l'infpiroient lui-même?

J'oferai le dire d'abord. Dans des écrits privés ou polémiques fur cette matière, il ne peut y avoir de rifque à trop étendre les droits du pauvre. Le pis qui en pourroit arriver, feroit que le Gouvernement fe laifsât entraîner un inftant, & commît dans cette branche d'Adminiftration quelqu'une de ces indifcrétions dont il ne peut fouvent fe défendre dans d'autres branches où ces indifcrétions font bien plus à craindre. Mais nous n'en fommes pas à ce point; &, y fuffions-nous arrivés, le remede feroit fimple. Il n'y auroit qu'à laiffer aller le cours des chofes. La pente inévitable qui dégrade les meilleures inftitutions rétabliroit bientôt l'équilibre, & les pauvres auront toujours trop d'ennemis & trop peu de puiffance pour garder longtemps ce qu'on leur aura donné de fuperflu. Ils ne vont point dans les Cours : c'eft déja une vertu que d'y porter leurs foupirs & de s'y montrer leur défenfeur. Le Souverain pour les connoître est presque forcé de descendre jusqu'à eux ; ils n'arrivent jamais jusqu'à lui. Telle est la distance qui le sépare d'eux , qu'à peine peut-il espérer que le fruit de ses vues bienfaisantes leur parvienne sans déchet , & tel qu'il le leur a destiné. Il n'a peut-être même qu'un seul moyen de s'en assurer : c'est de croire qu'il n'ordonnera jamais trop , parce qu'on n'exécutera jamais assez.

Quoi qu'il en soit, quels sont les droits du pauvre ? S'en occuper est-il un simple *devoir* du Gouvernement ? Est-ce un *besoin* réel de l'État ? Cette distinction de mots est plus importante qu'elle ne semble l'être. Le devoir s'est vu sacrifié tant de fois au besoin , que le sort des pauvres ne tient peut-être qu'à ce point seul de discussion.

L'Histoire du Gouvernement en France offre à cet égard une remarque assez singulière ; c'est que la plupart des anciens établissemens de Charité sont dûs à des fondations privées , à des vues simplement pieuses & individuelles , & qu'il en est peu qui ayent été fondés par le Gouvernement & par des vues générales d'Administration. L'État n'y a le plus souvent contribué que par des supplémens de secours, & par une protection que provoquoient les circonstances du moment ou des nécessités devenues impérieuses. Cet objet, ainsi que beaucoup d'autres, attendoit le progrès des lumières, & n'a commencé que depuis peu de temps à être compté parmi les grands objets de l'attention ministérielle. Mais le point de vue général, sous lequel on l'avoit toujours considéré, a empêché qu'il ne prît parmi eux la place qui lui étoit peut-être dûe. La Religion se l'étoit exclusivement approprié, & quoiqu'il ne puisse avoir une base plus respectable, il est malheureusement vrai qu'uni de trop près avec elle, il a dû souffrir de la révolution qu'ont éprouvée à la longue tous les devoirs religieux. D'autres causes ont pu y nuire encore. Le zèle des particuliers, l'habitude d'y recourir, la sécurité qu'inspiroit cette habitude toujours entretenue par de nouveaux

traits de bienfaisance privée , tout à contribué à rallentir l'attention du Gouvernement , & à lui fermer les yeux sur l'exigence d'un besoin qui s'étoit presque toujours passé de lui.

Mais il est temps enfin d'adopter d'autres
principes. Si toutes les branches de l'Administration & de la Police eussent été ,
comme les Hôpitaux , abandonnées aux
soins précaires de la charité & de la vertu,
ou restreintes comme eux à des fondations
privées pour tout secours , nous n'aurions
peut-être encore ni arts , ni manufactures, ni grandes routes , ni villes pavées.
Ces objets ont été vus en grand ; on les a
créés , & on les a créés ce qu'ils devoient
être , tandis que le sort des pauvres n'est
en arrière que parce qu'on ne s'en est jamais occupé que relativement aux besoins
du moment ou à des circonstances locales.
Et quel objet plus digne cependant des
soins *immédiats* & généraux du Gouvernement? Je mets de côté l'humanité & la
bienfaisance. Ce ne sont que des vertus,

& ce n'eſt pas même de vertu qu'il s'agit ici ; c'eſt d'un beſoin public, c'eſt d'un des premiers beſoins de l'État. Police, Finances, Arts, Commerce, Population, Morale publique, il n'eſt pas une ſeule branche d'Adminiſtration que ce beſoin n'intéreſſe, pas une dont l'amélioration ne dépende des efforts que l'on fera pour le ſatisfaire. C'eſt un beſoin ſans doute que de prévenir le déſordre & les malheurs où l'excès de la miſère peut entraîner la claſſe la plus nombreuſe de la ſociété. C'en eſt un que de veiller à la conſervation de cette immenſe & précieuſe pépinière de ſujets deſtinés à labourer nos champs, à voiturer nos denrées, à peupler nos manufactures & nos atteliers. C'en eſt un que d'arrêter entre les deux claſſes extrêmes de la ſociété ce commerce mutuel de dépravation qui ſeul les rapproche encore, que de prévenir dans le Peuple ce découragement, ſource aviliſſante de crimes, qui le fait mépriſer des Grands, & qui contribue à former deux nations ennemies au ſein d'un même

empire. Il eft temps déformais que ce
befoin prenne fa place parmi ceux qui
excitent fans relâche la follicitude & la
vigilance du Miniftère ; & , tandis que
les tréfors de l'État font ouverts pour encourager les arts & les cultures , pour em-
bellir nos villes , pour perfectionner les
haras & le foin des troupeaux , pour mille
autres objets intéreffans fans doute , mais
moins preffans , il eft bien jufte qu'enfin
ils s'ouvrent auffi pour la confervation de
l'efpèce humaine.

Je ne me diffimule point tout l'avantage
que peut avoir ici fur moi l'Auteur *des
Idées fur les fecours à donner aux pauvres
malades.* Je parle de dépenfe , il parle
d'économie ; & j'aurai , je le fens , peut-
être plus de peine à perfuader que lui. « On
» doit confidérer , nous dit-il , que l'État
» ne poffède rien , & ne peut qu'ordonner
» des impofitions , ou recueillir des con-
» tributions ». — Et n'eft-ce pas poffèder
que cela ? — « Il ne fauroit , continue-
» t-il , pourvoir aux befoins des pauvres ;

Idées, &c.
pag. 16.

» non plus qu'aux autres charges publi-
» ques, fi ce n'eft aux dépens de citoyens
» dont la plupart font eux-mêmes très-pau-
» vres, & qu'il faut bien fe garder de
» conduire au degré de mifere qui les
» feroit paffer de la claffe de ceux qui don-
» nent l'affiftance parmi ceux qui ont be-
» foin de la recevoir ». C'eft un malheur
fans doute que les charges publiques ne
puiffent augmenter fans que les pauvres
en fouffrent. Il feroit certes bien à defirer
que cela fût autrement : mais on y a déja
penfé ; le Gouvernement s'en occupe : on
y parviendra peut-être ; & d'ailleurs, cet
objet eft étranger à la queftion préfente.
Que l'Auteur fe raffure feulement fur la
crainte qu'on ne puiffe fecourir les pauvres
fans en faire de nouveaux. Le pauvre paye
tant de taxes, dont d'autres que lui re-
cueillent tout le fruit , qu'une taxe im-
pofée pour lui feul ne lui femblera point
onéreufe. De plus , quelque fortes que
foient les taxes, il eft rare qu'elles con-
duifent feules des citoyens à l'hôpital ;

&, s'il étoit néceffaire d'en établir de
nouvelles, mille moyens s'offriroient de
les détourner fur des claffes bien éloignées
de tomber dans cette extrêmité. La crainte
de l'Auteur à cet égard eft donc manifef-
tement exagérée, peut-être même déplacée
dans le fujet qui nous occupe. L'État ne
pofsède rien, nous dit-il ! — Il pofsède
tous les fonds deftinés aux befoins publics.
C'eft à ces befoins dès-lors que ces fonds
appartiennent ; c'eft entre ces befoins que
la répartition doit en être faite. Aucun
fans doute ne doit être oublié ni dé-
daigné ; mais celui-là doit être fervi le
premier qui preffe davantage. Celui-là doit
être le mieux fervi qui entraîne le plus de
maux, dont les fuites importent le plus au
bon ordre de la Société , au bien - être
des citoyens.

　　Au refte, il faut le dire, & je ne faurois
le-dire avec trop de force ; il n'eft pas
encore temps de penfer à l'économie.
L'économie ne peut être un moyen pré-
paratoire, c'eft un moyen d'exécution. Il
　　　　　　　　　　　　　　　　　　　　eft

eſt à peine décidé qu'il faille entreprendre ; & , parler d'économie en ce moment , c'eſt s'occuper des moyens de faire avant de ſavoir ce qu'on fera. Voyons d'abord ce dont les pauvres ont beſoin ; nous ſongerons enſuite à le leur procurer aux moindres frais poſſibles. Mais le ſait-on ce dont les pauvres ont beſoin ? A-t-on fait pour le ſavoir & pour le fixer , ce que l'Angleterre & la Hollande ont fait dès long-temps, ce que font en ce moment l'Allemagne & l'Italie ? Nous en ſommes encore aux ſyſtêmes. Les eſprits flottent encore au milieu d'une foule de Projets. Aucune Commiſſion extraordinaire du Gouvernement n'a encore recueilli , comparé , ni jugé les avis divers qu'offrent de toutes parts les Hommes d'État, les Savans , les Adminiſtrateurs. Que le Gouvernement commence par adopter ſur cet objet des principes invariables ; qu'il ſe faſſe à cet égard un plan général appuyé ſur des baſes fixes & dignes de lui ; il ſera temps alors , en exécutant ce plan, de ſonger

B

aux moyens de dépenſer le moins poſſible.
Juſque là, tout ce qu'il eſt permis de
croire, c'eſt que de toutes les parties de
l'Adminiſtration, celle des Hôpitaux eſt
la plus arriérée; c'eſt que cette matiere
eſt preſque neuve aux yeux du Gouvernement; c'eſt qu'on a long-temps ignoré
que s'en occuper fût un devoir, & qu'il
exiſte encore des gens qui ont beſoin
de preuves pour croire que ce ſoit un
beſoin.

CHAPITRE II.

Des Secours dûs aux pauvres Malades.

QUEL eft le meilleur moyen de fecourir
les pauvres malades? Ce moyen peut varier
ou fe modifier fuivant le nombre & l'efpece
des infortunés à fecourir, la nature &
l'étendue des reffources déja établies, &
une foule d'autres circonftances locales.
Mais c'eft dans une ville immenfe, & où
il y a beaucoup à faire fur cet objet que
la queftion eft propofée. C'eft au befoin
particulier de cette ville que j'appliquerai
la difcuffion où je vais entrer. Ce qui
fera prouvé pour cette ville ne fera pas
inutile pour d'autres. Qui a trouvé le plus
a trouvé le moins.

C'eft auffi à cette ville, c'eft-à-dire à
la Capitale, que s'appliquent les idées de
l'Auteur déja cité. Je crois avoir befoin
de difcuter fes vues avant d'expofer les

miennes. C'eft du choc feul des opinions que la vérité peut naître, & telle erreur la dévoile fouvent à l'improvifte, ou par contrafte, ou même par analogie.

Le premier objet de l'Auteur a été de réduire les befoins du pauvre à leur jufte valeur. Précaution fage fans doute, & que je m'impoferai auffi, mais qui n'empêchera pas que nos réfultats ne diffèrent. Voyons comment il établit les fiens.

Il divife les pauvres malades en trois claffes: pauvres malades *domiciliés*, pauvres malades *non domiciliés*, & pauvres malades *qui, fans avoir de domicile, ont des bien-faiteurs*. D'après fes idées fur cette troi-fieme claffe, il femble qu'il auroit pu lui donner la dénomination plus commode & plus générale de *demi-pauvres*.

Pour ces trois claffes, il propofe trois fyftêmes différens de fecours : pour la premiere, celui des fecours de Paroiffe ; pour la feconde, celui déja connu fous le nom de fyftême des Hofpices ; & pour la troifieme, des Maifons de charité à penfion.

Sous ce point de vue général, les idées de l'Auteur pourroient ne pas fembler nouvelles. Mais ce qui les rend remarquables, c'eft la réunion des trois fyftêmes en un feul; c'eft l'influence & la confiance en même-temps qu'il veut que le Gouvernement accorde aux fecours de Paroiffe jufqu'ici regardés comme fecours *privés*, entierement indépendans de l'Adminiftration *publique*; c'eft la propofition qu'il fait de réunir les fecours *publics* aux fecours *privés* au moyen d'*Hofpices paroiffiaux*, & de *partager* entre ces Hofpices les revenus actuels de l'Hôtel-Dieu. Mais ce qui rend fur-tout remarquables les idées de l'Auteur, c'eft une foule de principes généraux qu'il crée à mefure qu'il a befoin de réfultats, & dont je vais effayer de difcuter quelques-uns.

L'Auteur donne de grands éloges au fyftême adopté par le Gouvernement à l'égard des pauvres *valides*, celui de diminuer les diftributions gratuites, & de multiplier les travaux de charité. Rien

Idées, &c. page 140.

B 3

de plus jufte que ces éloges, & l'une des plus belles découvertes de notre fiécle en Adminiftration eft d'être, par un moyen auffi fimple, parvenu à rendre utiles à l'État & à eux-mêmes une foule de mifé- rables, jufque-là le fardeau & la honte du Gouvernement. Mais qu'a de commun le fort des pauvres *valides* avec celui des pau- vres *malades*? Le voici, fuivant l'Auteur.

Page 15.
« Si le pauvre *fain & robufte*, nous » dit-il, doit être fecouru en l'aidant à » s'employer lui-même ; lorfqu'il devient » *malade*, il doit, *par la même raifon*, » ne retomber à la charge de la Société, » qu'au moment où fa famille eft impuif- Page 13. » fante ;.... » & il avoit dit plus haut dans fes *principes généraux :* « Lorfqu'il » s'agit de foulager l'*infortune* & *la maladie*, » la Société elle-même, pour exercer une » véritable charité, doit s'employer le » moins qu'il eft poffible, & faire autant » qu'il peut dépendre d'elle, ufage des » forces particulieres des familles & des » individus ».

On voit par là que l'Auteur confond abfolument l'*infortune* & *la maladie* ; il les enveloppe dans le même fyftême ; il leur applique fans diftinction les mêmes principes, & cependant quelle différence ! L'*infortune* peut être regardée comme un inftrument, comme une *puiffance* : car elle n'ôte pas les forces, & ces forces, ainfi que nous l'avons vu, peuvent être employées au profit de l'État, au profit même de l'individu qu'on oblige à en faire ufage. Mais la *maladie* eft un état paffif, *inert*, *négatif*, & qui, loin de faire que le fujet fe fuffife à lui-même, confomme néceffairement & *en pure perte* des forces *extérieures* employées à le fecourir. La *mifere* eft un poids qui a une prife ; on peut l'accrocher à une machine ; & il la fera aller. La *maladie* eft une maffe qu'on ne peut faifir, qu'on ne peut que fupporter ou laiffer tomber, qui empêche conftamment & n'aide jamais.

Ce qui rend fi louable le fyftême des travaux de charité, c'eft qu'il tend à

employer les forces des pauvres *valides.*
L'Auteur vante ce fyftême, & il a bien
raifon. Mais il en conclut qu'autant qu'il
eft poffible, les pauvres *malades* doivent
être fecourus par leurs familles. C'eft
tomber dans une contradiction palpable.

Qu'eft-ce que les familles des pauvres
malades ? Ce font des pauvres *valides.* Si
l'on emploie les *valides* à fecourir les
malades, on enlève aux premiers le travail
qui les fait vivre. Dans une pauvre famille,
un malade eft un fardeau réel & paffif
ajouté à celui de fa mifere. Dans une
pauvre famille, chaque moment de la
journée eft repréfentatif d'une *bouchée de
pain ;* chaque moment donné au malade
ôtera dès-lors une *bouchée de pain* à chacun
des individus qui la compofent.

Page 16. L'Auteur continue : « la Société, dit-il,
» ne doit à tout individu, *même en infir-*
» *mité*, lorfqu'il a une famille, ou des
» liaifons d'amitié, de domicile, d'ha-
» bitude, de circonftances qui fuppléent
» à une famille, qu'une addition aux

» fecours qu'il peut tirer de cette famille,
» ou de ces circonftances ».

Si tel eft le devoir *précis* de la Société,
pour le remplir, au moins faudra-t-il conftater
auparavant de fujet à fujet, d'individu à
individu, & ce à quoi la Société fera
tenue de fuppléer, & l'étendue du fupplément qu'elle fera tenue d'accorder. Voilà
d'abord une recherche à faire qui expofe
à plus de travail, & qui eft fujette à
plus d'abus que toute adminiftration fup-
pofable d'Hôpitaux. Ainfi il faudra plus
de peines & l'on courra plus de rifques
pour conftater le mal que pour y apporter
du remede, & telle eft la conféquence
immédiate de ce principe trop généralifé
par l'Auteur.

Je ne prétends point au refte combattre
abfolument ce principe, je m'en tiens à
dire qu'il eft trop généralifé. J'ai dit plus
haut que le Gouvernement ne devoit qu'à
ceux qui avoient befoin, & qu'il leur devoit
en raifon de l'étendue de leurs befoins.
Par ce mot feul, je crois avoir fixé les

bornes qu'il doit s'impofer dans les fecours publics, & j'avouerai volontiers qu'il feroit non-feulement indifcret, mais même injufte d'accorder la même fomme de fecours à l'infirme qui n'eft pas tout-à-fait dénué de reffources, qu'à celui qui n'en a ab-folument aucune. Mais l'Auteur dit la *Société*. Ce mot, à cette place, doit être regardé comme fynonime de *Gouvernement*. Pour n'en pas douter, il fuffiroit de lire dès la page fuivante les objections qu'il accumule contre les Hôpitaux en général, & fur-tout cette phrafe remarquable qui termine, page 23, le développement de fon fyftême fur les fecours domeftiques : « le plus grand article de dépenfe que » préfentent tous les Hôpitaux, celui » des bâtimens, & l'intérêt du capital » de leur conftruction, fe trouveroit *entié-* » *rement fupprimé* ». Il eft clair qu'en ce moment, l'Auteur profcrit tout autre fyftême que celui de fecourir les malades chez eux ; &, comme il n'eft pas fuppo-fable qu'il veuille difpenfer le Gouvernement de s'occuper du fort des pauvres malades, il eft également clair que jufqu'ici c'eft au Gouvernement qu'il propofe de fe charger de l'exécution de ce plan, & de renoncer à tout autre.

C'eft donc au Gouvernement que l'Auteur propofe de fe charger de l'Adminiftration des fecours domeftiques. Quels moyens lui offre-t-il pour réalifer ce plan ? « Le » zèle de MM. les Curés, l'activité des » ames pieufes, & la fenfibilité courageufe » des Dames de Charité » : Tous moyens connus, mis en ufage depuis long-temps, & qui, jufqu'à préfent, n'ont pas eu befoin pour produire tout leur effet de l'influence du Miniftère. Je refpecte infiniment l'emploi de ces moyens ; &, loin de le profcrire comme l'Auteur fait les Hôpitaux, je penfe qu'il ne fauroit être trop encouragé. Mais autant ce fyftême eft louable renfermé dans fes juftes bornes, autant il devient dangereux fi l'on veut le rendre unique & exclufif.

Page 22.

Je fais abftraction ici de l'exagération

touchante avec laquelle l'Auteur peint les maux qui réfultent, felon lui, dans le

Page 19. fyftême des Hôpitaux *de la fatigue du tranfport, du déchirement des féparations, de l'effroi qu'infpire l'entrée d'une grande maifon publique.* Ces mots ont de la couleur, ils peuvent féduire, & toute féduction eft dangereufe dans la recherche de la vérité. La *fatigue du tranfport* eft peu de chofe ; & l'Hôpital d'Étampes journellement rempli de malades fortis de la Capitale, & chaffés jufque-là par la crainte d'entrer à l'Hôtel-Dieu, celui de Lyon auquel les malades fe traînent de plus de dix lieues à la ronde, prouvent que cette *fatigue* eft moins terrible encore aux yeux du Peuple que le danger d'être mal fecouru. La foule qui remplit l'Hôtel-Dieu lui-même, ainfi que beaucoup d'autres Hôpitaux, au point de les rendre infuffifans, n'annonce pas que ce foit *un grand acte de charité* que de redouter pour le Peuple le *déchirement des féparations, & l'effroi d'entrer dans une grande maifon publique.* J'aime fans doute ce Peuple dont j'embraffe la défenfe : mais en plaignant fes maux, je ne dois diffimuler ni fes inconféquences ni fes vices. Hélas ! il ne les doit peut-être, ces vices, qu'au contagieux exemple de ceux qui le méprifent. Le *déchirement des féparations* n'eft point tel que l'Auteur le fuppofe, dans ces familles qui envoient leur père à l'Hôpital, dans cette époufe qui y fait porter fon mari, dans ce mari, on en a vu des exemples, qui y laiffe périr fa femme en couche. Et c'eft fur de pareils foins de famille que l'Auteur fonde le fecours des pauvres malades ! c'eft fur des vertus qu'il compte, & il ne fonge pas combien les vertus les plus naturelles deviennent rares, à quel point le befoin & la misère les étouffent & les éteignent ; il ne fonge pas qu'avant qu'on foit parvenu à les ranimer & à les étendre dans le Page 21. Peuple, ainfi qu'il a la bonté de l'efpérer, la fauffe fuppofition de ces vertus aura coûté la vie à des milliers de citoyens utiles.

Quoi qu'il en foit, je me fuis trompé moi-même en reprochant à l'Auteur de n'offrir au Gouvernement pour l'exécution de fon plan que le zèle de MM. les Curés, l'activité des ames pieufes & la fenfibilité courageufe des Dames de Charité. Après avoir eu l'attention de remarquer que ce

Page 22. plan ne peut jouir de tous fes avantages que *dans un cercle peu étendu*, mais que la diftinction des Paroiffes offre *des divi-fions de territoire affez raifonnablement limitées*, il propofe d'*attribuer à chacune d'elles*, en raifon de fon étendue & de

Pag. idem. l'efpéce d'habitans dont elle eft peuplée, *une partie des fondations deftinées au fou-lagement des pauvres*. Il propofe de plus l'économie que l'on peut fe procurer fur la fourniture des médicamens, *au moyen*

Page 23. *de prix-faits très-modérés avec un Droguifte & un Apothicaire*. Il préfente comme un attrait aux pauvres familles, l'efpoir de profiter *de la viande des bouillons*, de fe

Pages 20 chauffer *au feu allumé pour les tifannes*, & 21. de partager jufqu'à un certain point *la petite penfion journaliere accordée pour fecourir le malade* (1). Ces offres contre-difent peut-être un peu les éloges qu'il donnoit tout-à-l'heure à la fuppreffion des *diftributions gratuites aux pauvres valides* : mais j'ai mieux à faire que d'infifter fur cette contradiction.

L'Auteur, on le voit, a cherché à prévoir jufqu'aux moindres détails de fon plan. Quant aux fuites, c'eft autre chofe ; & je vais tâcher de les développer.

Voilà les Hôpitaux fupprimés, mais non leurs revenus. L'Auteur les reclame, & ils refteront : à la bonne heure. Mais

_____

(1) C'eft au peuple de Paris, à ce peuple qui va tous les Dimanches manger dans un cabaret tout le produit du travail de la femaine, qui rougiroit d'en rapporter un fou, qui met fon bonheur à n'avoir jamais devant lui la moindre épargne, & qui paffe les fept-huitiemes de fa vie dans les plus horribles privations, uniquement pour pouvoir en confacrer le dernier huitieme à une débauche meurtrière, que l'Auteur propofe de *partager* la *petite* penfion journalière qu'il deftine à fecourir fes malades. Son offre fera acceptée, il peut y compter, & fi bien acceptée, que de cette penfion déja *petite*, la débauche & les befoins de la famille prélevés, il n'en reftera bientôt plus rien pour le malade.

la régie de ces revenus exige des soins
& occupe des employés. Pas d'économie
à espérer à cet égard ; il faudra conserver
ces employés. Il faudra même en augmenter
le nombre. Car la répartition à faire de
ces revenus entre les Paroisses nécessitera
un travail de bureau particulier & nouveau, sujet à des discussions, à des préférences, à des contestations, & à une
comptabilité très-compliquée. L'Administration des revenus, partie si intéressante
& si délicate, loin de gagner au nouveau
plan, ne fera donc qu'y perdre.

Reste l'administration des secours. Rien
de mieux administré, sans doute, que les
secours de Paroisses : mais jusqu'à présent,
les Hôpitaux ont existé avec eux, ont peut-
être excité leur émulation, & en ont du
moins très-certainement soulagé le service.
Ces Hôpitaux supprimés, tout changera
de face.

Ne perdons pas de vue un fait incon-
testable. Dans l'état actuel, non-seulement
l'esprit des Administrations Paroissiales est
aussi

aussi parfait qu'il peut l'être, mais leur influence a atteint toute l'étendue dont elle
est naturellement & essentiellement susceptible. On ne peut leur imposer une aug-
mentation de travail sans leur accorder un
supplément de forces, & où le prendre ?
Le nombre des ames picuses, ni celui des
Dames de charité, n'est, dans le cours
ordinaire des mœurs, pas plus susceptible
de s'accroître que leur zèle & leur activité.
Il faudra, ou recourir à d'autres moyens,
ou se décider à ne pas secourir un seul
malade de plus que les Paroisses n'en se-
courent à présent, parti que l'Auteur lui-
même n'oseroit proposer.

Il faudra donc ajouter de nouveaux moyens
à ceux devenus trop foibles des Administrations Paroissiales. Il faudra les recruter
de tout l'attirail d'employés nécessaire à
un service bien plus compliqué & bien plus
étendu. Il faudra de nouveaux chefs &
de nouveaux subalternes. Ne payât-on pas
les premiers, ne cherchâssent-ils pas à se
payer par eux-mêmes, il faudra du moins

C

payer les seconds. Le service plus divisé demandera plus de monde; plus pénible, des appointemens plus forts.

Dans l'état actuel, si les pauvres ne s'accommodent pas des secours de Paroisse, ils peuvent leur préférer l'Hôpital; mais alors, ils n'auront plus à choisir. Ils pouvoient aller au devant du secours, il faudra qu'ils l'attendent. S'il tarde à venir, il faudra veiller & stimuler ceux qui le porteront : car il seroit dangereux de s'en rapporter entierement à des subalternes chargés de porter à des sixiemes étages des tisannes, du bois, des bouillons, des remèdes; & la *rétribution journalière d'un sou par malade,* que leur offre l'Auteur, pourroit bien les attacher à ce service, sans les rendre plus exacts, plus fideles, ni moins avides. Ainsi ce sera une administration toute pareille à celle des Hôpitaux à établir, avec cette différence qu'elle sera ambulante au lieu d'être stationnaire, répandue dans un vaste espace, au lieu d'être réunie sous un seul coup d'œil; avec cette différence encore,

Page 28.

qu'elle fera bien plus nombreufe, parce qu'il faudra bien compenfer par le nombre des employés le temps néceffaire pour aller fecourir quatre ou cinq mille malades, non raffemblés dans un Hôpital, mais difper-fés dans quatre ou cinq mille galetas, & dans toute l'étendue d'une ville immenfe.

L'Auteur prétend qu'*il n'eft point du tout prouvé* que les grandes adminiftrations puif-fent apporter quelqu'économie dans l'achat des fournitures. Comme il ne fait qu'en douter, fon doute ne m'empêchera pas d'af-furer que des fournitures en détail coûtent néceffairement plus que des fournitures en gros, & que, dans fon fyftême, ces four-nitures feront de plus affujetties à des frais de diftribution & de tranfport inconnus dans les Hôpitaux : car un malade ne pourra prendre une fimple médecine fans qu'on la lui apporte peut-être du bout de la Pa-roiffe. Toute courfe fait une peine, & pour les gens qui la prendront, toute peine vaut falaire.

Page 32.

On connoît le danger des adminiftra-

C 2

tions fecrètes. Dans un Hôpital, l'adminiftration des fecours eft publique, & il
n'y a gueres que celle des revenus qui puiffe
être obfcure. Qu'un malade y foit négligé,
mille témoins, intéreffés comme lui à ne
pas l'être, font là pour dénoncer le délit.
Mais dans le nouveau fyftême, c'eft fans
témoins, c'eft dans l'obfcurité que les fecours feront adminiftrés. C'eft par des rues
étroites & détournées, par des efcaliers
tortueux & mal éclairés, qu'ils arriveront
dans de fales réduits, où la misère n'eft vue
que du ciel. La ferveur de la nouveauté eft
peu durable. Une fois paffée, le *gafpillage*
lui fuccédera. Il fera d'autant plus grand
qu'il fe fera par plus de mains, d'autant plus
certain qu'il y aura plus de moyens de
l'exercer, d'autant plus difficile à arrêter,
qu'avant de parvenir feulement à favoir
qu'il exifte, il faudra recevoir des plaintes,
faire des recherches & des vérifications,
courir de galetas en galetas, s'affujettir à des
vifites fatigantes, continuelles, & par-deffus
tout cela, néceffairement infuffifantes. Re-

cevoir des plaintes ! il faudra donc qu'un pauvre aille trouver des Adminiſtrateurs , & accuſer auprès d'eux des employés capables de le démentir? Tandis que le pauvre honnête & modeſte périra ſans oſer le faire, on accordera au mendiant effronté les ſecours que le premier plus timide n'aura pas reclamés ; & , au milieu de ce conflit éternel de demandes, de plaintes & de démentis réciproques, on ſe verra bientôt réduit à la funeſte alternative ou d'écouter toutes les plaintes , ou de les repouſſer toutes.

Tant d'inconvéniens font frémir, & ils feront inévitables. Quel parti donc prendre? Faut-il rejetter les Adminiſtrations paroiſſiales ? Non ; car elles produiſent des biens inappréciables. Mais le bien qu'elles produiſent tient aux bornes qui les circonſ. crivent. Otez ces bornes, ces adminiſtrations deviendront funeſtes, & rien ne prouve mieux combien il eſt aiſé d'abuſer des meilleures choſes. Ces adminiſtrations doivent donc reſter ce qu'elles font. Mais ſuffiſent-

C 3

elles pour satisfaire aux devoirs du Gouvernement envers les pauvres malades ?
Elles sont établies dans toute la France,
depuis les Paroisses de la Capitale égales
à des villes , jusqu'au plus chétif village.
Existe-t-il dans le Royaume une seule bour-
gade où l'Hôpital qu'on y a fondé *reste vuide*,
où les secours de la Paroisse soient assez
étendus pour dispenser les pauvres de recourir à cet Hôpital ? Non ; il faut donc
d'autres secours que ceux de Paroisse. Il faut
donc des Hôpitaux.

   Il en faut, & l'Auteur veut qu'on les sup-
prime. Il le veut à n'en pas douter ; car,
non content d'accumuler contre eux tous
les préjugés qu'il peut rassembler, il assure,
page 23, qu'au moyen du système qu'il propose, *le plus grand article de dépense qu'ils
préfentent, celui des bâtimens, seroit ENTIE-
REMENT supprimé;* & point d'équivoque
ici ; le mot *entierement* les leve toutes. Huit
pages plus bas, il reconnoît la nécessité des
Maisons publiques de charité. Il propose
même d'en *bâtir*, non pas une, mais trente-

Pages 17,
18, 19, 20,
21, 24, 25,
26 , & ail-
leurs.

Page 31.

huit dans la Capitale feule. C’eſt ſe contre- Pages 38 & 53.
dire bien fort & bien vîte aſſurément. Ce
n’eſt pas tout.

L’Auteur a écrit pour le Gouvernement ;
car il dit lui-même qu’il a écrit pour l’A-
cadémie, & c’eſt par le Gouvernement que Page 8, & au revers du frontiſ- pice.
l’Académie eſt conſultée. Or, non-ſeule-
ment les Adminiſtrations Paroiſſiales n’ont
pas beſoin de l’influence du Gouvernement, mais elles ſont devenues ſans lui tout
ce qu’elles doivent & peuvent être. En
parler, n’eſt annoncer aucun ſecours nouveau, c’eſt offrir ce que l’on a déja. Tout ce
que l’Auteur a pris la peine d’en dire eſt donc
abſolument inutile.

Trente pages inutiles dans un ouvrage
aſſez court, & ſur une matière où il feroit
ſi humain de ſimplifier & d’abréger les diſ-
cuſſions ; trente pages entières détruites en
un ſeul mot par l’Auteur lui-même dès la
trente-unieme, ſont certes une choſe à remarquer : mais c’eſt peu. Ces trente pages
ſont écrites avec une grande ſenſibilité. La
foule de vérités locales, de détails en ap-

C 4

parence approfondis, de principes généraux
ou *généralisés* dont elles font remplies, leur
donnent un air de méditation qui en impose.
Elles font capables de produire une grande
impreſſion, & malheureuſement, elles l'ont
déja produite. Et quel doit être l'effet de
cette impreſſion ? De prévenir contre les
Hôpitaux en général, c'eſt-à-dire, contre des
établiſſemens dont l'Auteur eſt preſque immédiatement forcé de reconnoître la néceſſité. Et quel effet cette prévention peut-
elle produire à ſon tour ? de prolonger l'in-
déciſion du Public & du Gouvernement.
Avec l'Auteur, on ne voudra plus d'Hôpitaux ; avec l'Auteur on en voudra trente-
huit au lieu d'un ; avec l'Auteur encore ,
on voudra leur ajouter des maiſons à pen-
ſion ; avec l'Auteur enfin , on finira par ne
plus ſavoir ce qu'on voudra. Et cependant
les pauvres continueront de gémir entaſſés
à quatre & cinq par lit dans les ſalles de
l'Hôtel-Dieu ? & l'on continuera de bâtir
à cet Hôtel-Dieu avec autant d'ardeur que
ſi l'on avoit l'eſpoir de le rendre ſuffiſant

pour la ville entière ? Et les pierres & les millions continueront de s'accumuler comme les malades dans une enceinte effentiellement infuffifante & infalubre, fans que les ames fenfibles puiffent déformais fe flatter de voir la fin d'une difcuffion dont elles détournent déja leurs yeux las & découragés ? Les lumières & l'honnêteté reconnues de l'Auteur, la douce & pénétrante fenfibilité qui femble avoir dicté prefque tout fon ouvrage, peuvent me répondre de fes intentions, & je ne crains pas d'en appeller à lui-même. Etoit-ce là le but qu'il fe propofoit en écrivant ? Et ne fera-t-il pas le premier à gémir d'avoir contribué plus que jamais & plus que perfonne, à prolonger les maux mêmes qu'il avoit deffein de détruire ?

CHAPITRE III.

Des Hôpitaux.

Ramenons, s'il eſt poſſible, la queſtion à des principes plus précis. Les ſecours dûs aux pauvres malades, ſont un objet de police peut-être plus encore que de bienfaiſance. Le Gouvernement doit donc s'en occuper. Mais de quelle maniere, ſous quelle forme, & dans quelle étendue?

Il ſeroit, ainſi que je l'ai dit, non-ſeulement indiſcret, mais même injuſte, d'accorder la même ſomme de ſecours à l'infirme qui n'eſt pas tout à fait dénué de reſſources, qu'à celui qui n'en a abſolument aucune. Avant de ſonger à ſecourir les pauvres malades, il faut donc conſtater leurs reſſources, en fixer le degré, &, d'après cette recherche, déterminer la maſſe de ſecours dûe à chaque individu.

Comment procéder à cette recherche,

ainſi qu'à la répartition individuelle qui doit en être la ſuite? L'action du Gouvernement ne peut s'exercer que par des vues & des diſpoſitions générales ; & pour fonder des diſpoſitions générales, il faut des baſes fixes & des réſultats conſtans. Or, comment s'en procurer dans un objet dont les élémens varient ſans ceſſe, & ſont auſſi compliqués, auſſi multipliés que les révolutions innombrables & rapides, auxquelles le ſort des familles & des individus ſe trouve à chaque inſtant expoſé dans une ſociété nombreuſe & corrompue?

Pour y parvenir, il ſe préſente un terme fixe, une ligne de démarcation poſitive, c'eſt la privation abſolue de reſſources. En deçà de ce point, les nuances ſont auſſi nombreuſes que variables. Au de-là, il n'en exiſte plus qu'une. Ce point fixé, les pauvres malades ſe réduiſent à deux claſſes bien diſtinctes, & c'eſt déja un pas de fait.

Nul tempérament à prendre à l'égard des malades abſolument dénués de reſſources. Il faut les fecourir en raifon de leur befoin, c'eft-à-dire complétement ; & , comme le befoin de tous les malades de cette claffe eft à peu-près le même, c'eft à leur égard qu'il eft permis d'adopter des vues générales.

Quant à la feconde claffe, c'eft autre chofe. Chaque individu demande une fpéculation particulière, & il y a autant de calculs à faire que d'individus à fecourir.

Dans tous les objets généraux d'Adminiftration, dans tous ceux que l'on peut envifager en grand, & où les confidérations particulieres font en trop foible rapport pour nuire fenfiblement aux confidérations générales, le Gouvernement exerce naturellement, facilement & immédiatement fon influence. Un Code, un Réglement, une Ordonnance, un grand établiffement lui fuffifent. Tous les points à mouvoir fe trouvant, fi je puis m'exprimer ainfi, fur la même circonférence, une feule roue peut y atteindre & les entraîner tous. Le Code, le Réglement, l'Ordonnance ou l'établiffement font la roue ; la volonté du Souverain est la force unique qui la fait mouvoir, & la machine va.

Dans les objets d'Adminiftration où les détails ont à la fois plus d'importance & de variabilité, dans ceux qui tiennent à des foins locaux, minutieux & continus, la marche du Gouvernement eft différente. Ne pouvant la proportionner à la petiteffe des détails, ni fuivre tous ces détails dans leur courfe fugitive, il communique alors fon pouvoir à des forces dont l'action eft plus rapprochée de l'objet. Il établit des Commiffions.

De ces deux manières d'opérer du Gouvernement, la première eft évidemment applicable aux infirmes abfolument dénués de reffources ; la feconde l'eft à ceux à qui il en refte encore.

Or, la Commiffion propre à fecourir cette feconde claffe eft toute établie. Elle exifte dans les Adminiftrations paroiffiales. A cet égard, ces adminiftrations font bonnes & fuffifantes. C'eft à elles qu'il convient d'aller trouver l'infirme, de le chercher, de le secourir chez lui. Rien n'est plus analogue aux respectables fonctions d'un Pasteur. Il n'est pas de plus douce occupation à offrir à ces ames brûlantes qui chérissent leur Dieu dans leurs frères.

Mais n'oublions pas ici une considération importante. Fondées sur la vertu, ces administrations doivent être libres comme elle. L'autorité n'a rien à y voir. On ne commande point le zèle ni la charité ; & ces moyens inappréciables de bienfaisance se dégraderoient, s'anéantiroient même peut-être bientôt, s'ils cessoient d'être spontanés. Le Gouvernement ne leur doit donc tout au plus que la protection civile ; les honorer seroit déja dangereux ; &, si elles avoient besoin de l'être, ce seroit, non du Gouvernement, mais de l'opinion publique seule qu'elles auroient droit de l'attendre. A plus forte raison, doit-il s'interdire de les diriger ou de les employer lui-même comme moyen *immédiat & général* d'Administration.

Cela établi, il peut s'en repofer fur elles du fecours de tous les malades auxquelles fon influence ne peut pas atteindre. Mais, comme il eft de fon devoir que tous les malades foient fecourus, tous les pauvres malades que les Adminiftrations paroiffiales n'auront pas foulagés, retomberont néceffairement à fa charge, & il en réfulte ce principe que je crois auffi général qu'inconteftable : TOUTES LES FOIS QU'UN MALADE NE TROUVE PAS DANS SA PAROISSE, DANS SA FAMILLE, OU DANS SES RESSOURCES PERSONNELLES, LES SECOURS DONT IL A BESOIN, LE GOUVERNEMENT LES LUI DOIT, ET EST TENU D'Y POURVOIR.

Pour remplir ce devoir, le Gouvernement n'a d'autre reffource que les Hôpitaux. Car les fecours domeftiques ne font pas à fa portée, je crois l'avoir affez prouvé, & il faut bien qu'il fecoure fes malades quelque part. Mais toutes fes opérations devant être générales, doivent repofer fur des bafes bien pofitivement déterminées. Il ne peut établir un Hôpital, fans fixer d'avance

l'étendue qu'il lui donnera. Cette étendue
tient au nombre des individus à fecourir.
Ce nombre dès-lors doit être connu, ou
du moins déterminé d'auffi près qu'il peut
l'être.

C'eft une évaluation à faire : fur quelle
bafe devons-nous l'établir? Si l'on en croit
l'Auteur déja cité, la néceffité des Hôpitaux doit être reftreinte aux pauvres malades non domiciliés; &, par *pauvres malades non domiciliés*, il entend « les indi-
» vidus totalement ifolés, qui même à pro-
» prement parler, n'ont pas de domicile,
» ou n'en ont point de fixe, & où fe puif-
» fent trouver aucune des commodités né-
» ceffaires pour les foigner en maladie ».
Ce font fes propres termes, & cette dé-
finition n'eft affurément ni claire, ni précife. On entrevoit cependant qu'elle tend
à exclure des Hôpitaux tous les pauvres
malades qui auront ou une famille, ou des
amis, ou un galetas, & dans ce galetas, un
grabat & quelques uftenfiles ou meubles en
mauvais ordre. Il appelle cela, page 19,
n'être

Idées, &c.
pag. 31.

n'être pas tout à fait dénué de reſſources ;
il veut qu'on tienne compte de ces reſſources, qu'on les regarde même comme *un
grand capital tout diſpoſé* pour le ſoulage-
ment des pauvres malades, & s'en repoſe
pour le ſupplément à y ajouter ſur les Adminiſtrations paroiſſiales, ſeules, j'en conviens, à portée de l'évaluer & de le fournir.

Mais l'effort de ces Adminiſtrations eſt
borné à tel point, qu'il ſeroit dangereux
de vouloir l'étendre. On ſait combien de
malades elles ſecourent *ſans que les Hôpitaux
en ſoient moins remplis*, & l'on ſait de plus
qu'elles n'en ſecourront jamais plus qu'elles
n'en peuvent ſecourir. D'ailleurs, cet effort
eſt fondé ſur des vertus ; il eſt dès-lors
variable & précaire ; & il nous faut des
baſes fixes. Il peut arriver que les malades
d'une Paroiſſe ſoient négligés en tout ou
en partie. Les éloges mêmes qu'on donne
au zèle prouvent qu'il ne faut pas toujours y compter, car on n'en doit point
à ce qui eſt de néceſſité. Un Curé ou des
Paroiſſiens moins zélés, des diviſions per-

D

fonnelles, des manques de fonds, des préférences, des obftacles locaux, une foule de caufes ou reprochables ou involontaires, peuvent diminuer dans une Paroiffe le nombre des malades fecourus, fans diminuer celui des malades à fecourir. Que deviendront les malades négligés ? Ils ont des reffources, dira-t-on, & n'ont befoin que d'un fupplément. Mais ce fupplément leur manque ; &, dans l'état de maladie, des reffources infuffifantes font réellement des reffources nulles, quelquefois même encore pis. Les voilà donc rentrés par le fait dans la claffe des malades à la charge du Gouvernement.

D'autres malades ont également des reffources ; c'eft-à-dire, une famille ou des amis. Mais cette famille ou ces amis n'ont que du temps à leur offrir, & ce temps eft avec leurs bras l'unique foutien de leur exiftence. Emploieront-ils ce temps à fecourir leur parent ou leur ami ? Ce devoir feroit peut-être cher à leurs cœurs ; mais peut-on leur ordonner de mourir de

faim pour le remplir ? Ces reſſources pré-
tendues ſont donc nulles encore , & voilà
une autre eſpèce de malades à ajoûter à
ceux que la Paroiſſe eſt diſpenſée de ſou-
lager.

Mais il faut les demander , ces ſecours
de Paroiſſe. Aucun ſigne extérieur attaché
au mur n'avertit le Curé que dans telle
maiſon un malade eſt prêt à périr faute
de ſecours ; & l'on ne peut pas plus reprocher
à ce Curé de n'avoir pas deviné , qu'on
ne peut l'obliger à connoître à chaque
moment l'état de tous les pauvres connus
ou cachés dans tous les galetas de ſa
Paroiſſe. De plus , pour être connu de ſon
Curé , il faut avoir des relations paroiſſiales ,
& il n'eſt malheureuſement que trop vrai
que , même dans le peuple , il exiſte des
gens qui non-ſeulement n'en ont pas , mais
même craindroient d'en avoir. Ils peuvent
être coupables aux yeux de la Religion :
mais ce ſont des hommes , ce ſont des
citoyens. La Religion elle-même les ſecour-
roit s'ils ne ſe déroboient pas à ſes yeux :

l'État qu'ils fervent, & dont ils font membres, doit-il les laiffer périr ?

Pour peu que je cherchaffe à pénétrer plus avant dans le labyrinthe des misères humaines, il ne me feroit que trop facile d'étendre encore cette claffe d'infortunés à laquelle le Gouvernement doit des fecours immédiats. Mais les ames fenfibles y fuppléeront, & j'en ai dit affez pour prouver combien les idées rigoureufes de claffes trop méthodiquement divifées, combien celles d'économie parcimonieufe & timide peuvent être funeftes dans la grande queftion des fecours publics. Calcule-t-on dans un incendie la valeur d'un mur, d'une aîle entiere à abattre, pour arriver à un infortuné que les flammes environnent & vont atteindre ? Un incendie de vingt maifons, quoiqu'il n'y périffe perfonne, eft un malheur fans doute ; mais un feul homme étouffé dans l'incendie d'une feule eft une perte à laquelle aucune perte de chofes ne fauroit être comparée. La mort d'un feul malade, imputable au défaut d'un feul lit de plus à l'Hôpital, eſt une choſe affreuſe à imaginer ; & , quand la dépenſe d'un grand nombre de lits à y ajoûter ſeroit *à-peu-près* ſuperflue, oſera-t-on jamais la mettre en balance avec le ſort des infortunés dont cet à-peu-près peut cauſer la perte ?

Toutes ces conſidérations doivent entrer, ce me ſemble , dans l'évaluation de l'étendue à donner aux Hôpitaux. Ils doivent être ſuffiſans ; c'eſt le premier avantage à leur procurer , on doit le leur procurer à tout prix & à tout riſque , & l'excès de beaucoup de lits y eſt aſſurément moins à craindre que le défaut d'un ſeul. J'aurai plus bas occaſion de parler des autres points de perfectibilité dont ces établiſſemens ſont ſuſceptibles ; mais, celui-là obtenu, le Gouvernement aura payé aux pauvres malades la plus grande partie de ſa dette. Un Hôpital eſt un port ouvert, libre & franc. En l'élevant, on grave ſur ſa porte : *Entrez, & vous ſerez ſecourus.* Une fois élevé, une fois conçu de manière qu'il y ait place pour tous ceux qui pourront être forcés d'y recourir, l'État eſt ſûr qu'il n'y aura d'oubliés que ceux qui voudront bien l'être, &, à cet égard du moins, il n'a plus de reproche légitime à craindre.

Mais que faut-il pour qu'un Hôpital ſoit ſuffiſant ? Il faut que le nombre des lits y ſoit égal à celui de tous les pauvres malades qui n'auront pu trouver ni dans leur paroiſſe, ni dans leur famille, ni dans leurs reſſources perſonnelles, les ſecours dont ils auront beſoin.

Or, il exiſte pour déterminer ce nombre une baſe non encore conſultée juſqu'ici, cependant fondée ſur l'expérience, & dès-lors plus certaine & plus poſitive que toutes celles qu'on pourroit choiſir.

Dans toutes les villes de l'Europe, il y a des Hôpitaux. Beaucoup ſont inſuffi-fans, mais ils ne le ſont pas tous. A quoi peut-on diſtinguer ceux qui le ſont d'avec ceux qui ne le ſont pas ?

A une marque auſſi poſitive que facile à conſtater. Il n'eſt pas un ſeul cas où le

pàrti de coucher deux malades dans un lit
ne foit un mal. Il n'eft pas un feul Hôpital
où l'on prenne ce parti fans y être forcé.
Tout Hôpital où l'on fera habituellement
obligé de coucher deux malades dans un
lit fera donc infuffifant, & réciproquement, on pourra regarder comme fuffifant
tout Hôpital où cela ne fera jamais arrivé.

D'après ce principe, examinons tous les
Hôpitaux dans chacune des villes de l'Europe : cette recherche, facile à faire, nous
indiquera tous ceux qui font en état de
fuffire au befoin des villes où ils font
fondés.

Dans chacune de ces villes, le nombre
des lits reconnu fuffifant fera dans un rapport quelconque avec le nombre d'habitans dont cette ville fera peuplée. Ce
rapport une fois connu, nous fervira de
bafe pour toutes celles où l'Hôpital aura
befoin de fupplément. Ainfi, pour déterminer l'étendue de l'Hôpital à fonder dans
une ville donnée, il fuffira d'établir ce
rapport connu entre la population égale-

D 4

ment connue de cette ville, & le nombre
de lits à placer dans son Hôpital.

Cette base est extrêmement facile à se
procurer; car elle tient aux faits les plus
aisés à constater. Elle est très - précise ;
car elle ne porte que sur deux élémens
tous deux très - positifs. Elle est de plus
très-certaine ; car, dans toutes les villes
de l'Europe, la constitution civile est à-peu-
près la même; dans toutes, les habitans
sont à-peu-près exposés à la même masse
de maux & d'accidens. Toutes ont des
Administrations paroissiales. Dans toutes,
ces Administrations ont à-peu-près le même
zèle, les mêmes ressources, la même étendue
proportionnelle d'influence.

Le seul à-peu-près dont cette base soit
susceptible porte sur les besoins plus étendus
des grandes villes. Dans ces vastes tombeaux
de l'espèce humaine, les extrêmes se tou-
chent, & les plus infimes misères sont
immédiatement à côté des plus hautes
fortunes. Plus nombreuses, plus aisément
ignorées, les détresses privées y sont moins

à portée d'être toutes fecourues par les Paroiffes. Le mouvement plus rapide de la circulation, les grands efforts de l'induftrie, l'affluence des infortunés qui viennent y cacher leurs malheurs, les embarras inféparables d'une population immenfe & d'une exceffive activité, tout confpire, ainfi que je l'ai dit ailleurs, à y multiplier à l'infini la foule de maux & d'accidens qui contribuent le plus à peupler les Hôpitaux.

Supplément au Mémoire fur l'Hôtel-Dieu, p. 12.

Il réfulte de ces confidérations preffantes que toutes les fois qu'il s'agira d'une grande ville, la bafe que je propofe fera plutôt infuffifante qu'exagérée, & qu'il faudra plutôt l'étendre que la reftreindre. C'eft cependant d'après cette bafe, que j'avois, dans le Supplément à mon Mémoire fur l'Hôtel-Dieu, cherché à évaluer le befoin précis d'un Hôpital pour Paris. Homme privé, je n'avois pu raffembler fur cet objet que des renfeignemens peu nombreux: mais ceux que j'avois recueillis établiffoient déja jufqu'à l'évidence la néceffité de fonder au moins cinq à fix mille lits à l'Hôtel-Dieu. Et dans les trente-neuf Hofpices que l'Auteur déja cité propofe de fubftituer à cet Hôtel-Dieu, cet Auteur ne compte en tout que fur 3120 lits. Mes lecteurs ont pu juger fes principes ; ils peuvent maintenant apprécier fes réfultats.

Il exifte donc un moyen de déterminer d'une manière précife & pofitive le nombre de lits à fonder dans une ville quelconque. Mais comment le Gouvernement fondera-t-il ces lits ? Il s'agit d'une ville immenfe. Fera-t-il dans cette ville un grand & unique Hôpital capable de contenir feul tous les lits dont elle aura befoin, ou répartira-t-il ce nombre connu de lits en plufieurs Hôpitaux féparés? Cette queftion, intéref-fante par elle-même, l'eft devenue encore davantage depuis quelque temps par des circonftances locales & perfonnelles. Je vais tâcher de l'approfondir.

CHAPITRE IV.

Du Syſtême des Hoſpices.

DE grands exemples & de reſpectables
ſuffrages ont appuyé juſqu'ici le ſyſtême
des Hoſpices. On l'a ſuivi à Londres, & l'on
aſſure qu'on s'y en trouve bien. A Paris, on
n'a fait encore que l'eſſayer, mais le triple
eſſai (1) qu'on en a fait eſt très-borné ſi
on le compare à l'étendue de la Capitale.
Cet eſſai peut-il néanmoins être regardé
comme ſuffiſant pour aſſeoir à cet égard
des vues fixes & ſur leſquelles le Gouvernement doive compter ? Juſqu'ici, je
puis tout au plus en douter.

La diſcuſſion où je vais entrer ſuppoſe
une conſidération ſuffiſamment établie par
tout ce qui précède, & que je prie inſ-
tamment mes lecteurs de ne pas perdre

_____

(1) L'Hoſpice de Mad. Necker, celui de M. de Baujon,
& celui de la Paroiſſe Saint-Jacques du Haut-pas.

un feul moment de vue. Il n'eft que quatre
efpèces de fecours à offrir aux malades ;
les fecours de famille ou d'amitié , ceux
de protection privée ou perfonnelle , ceux
de Paroiffe , & ceux d'Hôpitaux. Les trois
premières font & doivent refter indépendantes du Gouvernement : mais la quatrième lui eft exclufivement réfervée.
Chargé & tenu de fuppléer à l'infuffifance
des trois autres , c'eft par la quatrième
feule qu'il peut y parvenir ; mais , à moins
de s'expofer à voir fes vues trompées ,
ftériles ou inefficaces , il ne peut ni ne
doit y appliquer d'autres reffources ni d'autres moyens que ceux qui lui font propres.

L'action du Gouvernement en France
eft une comme le Souverain qui l'exerce.
Elle ne fe partage , ne fe *communique* même
point fans s'affoiblir. Ce principe eft
général , & applicable à toutes les branches
de l'Adminiftration , fans en excepter une
feule. Il en réfulte que dans tous les objets
immédiatement foumis à fon influence , cette
influence , pour conferver tout fon avan-

tage, doit s'exercer de la manière la plus simple & la plus indivisible.

Il en résulte également, que toute forme d'Administration qui n'aboutit pas en dernier ressort à de grands & simples résultats, toute manière de procéder qui tend à multiplier les divisions dans chaque objet, tout calcul qui ne peut pas se réduire à une somme ou à un reste uniques, font des moyens que le Gouvernement en France ne peut employer sans danger.

Il en résulte également que la marche qui lui convient le mieux est constamment celle qui tend à réduire le plus possible dans chaque département le nombre des comptables ou responsables auxquels il peut se voir forcé de transmettre son influence. Il y gagne doublement. Le département dont il s'agit en est mieux & plus promptement surveillé, & les autres profitent de tout le temps que le premier ne lui a pas fait perdre.

Appliquées à la discussion présente, ces vérités semblent au premier coup d'œil

propres à prévenir en général contre le
fyftême des Hofpices. J'en conviens, &
j'en fuis fâché. J'eusse mieux aimé, en
commençant, en préfenter qui, paroiffant
moins décifives, euffent peut-être femblé
moins partiales : mais j'écris comme je
penfe, & ma bonne foi me raffure. Elles
fe font offertes à moi les premières. On
les niera fi on le peut, ou fi on le veut ;
mon devoir eft de n'en tirer que des conféquences que je croie bien fincèrement
inconteftables.

On me dira qu'en Angleterre on ne
voit pas de même, & qu'en multipliant
les Hôpitaux de Londres, le Gouvernement n'a pas craint le travail que femble
exiger de lui l'examen comparatif de plufieurs réfultats offerts de front. Mais le
Gouvernement d'Angleterre n'eft pas celui
de France. Il eft une foule de détails
relatifs au bien public qui, dans ce pays,
peuvent fans inconvénient être confiés à
l'activité des forces privées. Là, chaque
citoyen étant en quelque forte folidai-

rement propriétaire d'une portion de la Souveraineté, il eft bon qu'il puiffe en exercer tous les actes proportionnés à fes moyens perfonnels. Où l'autorité eft divifée, le pouvoir peut l'être ; où elle eft une, il faut qu'il foit un. En Angleterre, la force publique fe compofe de toutes les forces privées, & chacune des forces privées y eft réellement partie complétive de la force publique. En France, il n'eft que deux forces publiques, dont même l'une n'eft que d'influence, la volonté du Prince, & l'opinion générale.

Nul inconvénient donc en Angleterre à ce que les Hôpitaux, en fe divifant, fe trouvent affujettis à l'influence des infpections privées. Chaque citoyen y a le droit d'en vérifier, d'en dénoncer, d'en pourfuivre les abus. Il a celui d'y projetter, d'y propofer, d'y exécuter des améliorations. Il en a le droit, car il en a le pouvoir, & l'un ne peut aller fans l'autre; car que feroit-ce qu'un droit qu'on n'auroit pas le pouvoir d'exercer ? Il feroit plus qu'inutile, il feroit dangereux.

Le droit d'établir & de furveiller des Hôpitaux emportant avec lui ceux d'ordonner, de fe faire rendre compte, de réprimer, même de punir, & tous ces droits étant évidemment des droits de Souveraineté, il eft clair qu'en France, le Gouvernement peut & doit fe réferver exclufivement une branche d'Adminiftration dont j'ai prouvé plus haut qu'il étoit chargé & refponfable. Ainfi le même fyftême de fecours publics qui peut être bon chez nos voifins, pourroit à toute force ne pas l'être parmi nous, & l'exemple de l'Angleterre n'eft plus dès-lors qu'un préjugé qui ne prouve rien.

L'influence *immédiate* du Gouvernement en France n'eft pas plus facilement applicable au fyftême des Hofpices qu'à celui des fecours de Paroiffe. Rien ne fe reffemble plus à cet égard que ces deux fyftêmes. Le plus difficile ne feroit peut-être pas de fonder à la fois dans la Capitale tous les Hofpices dont elle auroit befoin,

mais

mais ce ne feroit pas tout. C'eft peu de
les fonder ; c'eft peu même de leur donner
à leur naiffance de. fages Réglemens &
une Adminiftration bien conçue. Il faut
les conferver & les entretenir. Il faut en
maintenir le régime dans un degré conftant
d'ordre & de perfection. Rien de plus
variable, rien de plus fujet à fe dégrader
que le régime des Hôpitaux. Les meil-
leurs Réglemens ont peine à y réfifter
long-temps à un déclin que produifent tout
naturellement une foule de caufes internes
& néceffaires. Détailler ces caufes, feroit
auffi délicat que pénible, & lorfque l'on
penfe que la pareffe & la langueur feules
peuvent y donner entrée à des maux qu'il
eft impoffible de calculer, il eft effrayant
d'imaginer tous ceux qui peuvent y être
l'ouvrage d'une multitude de paffions actives
plus dangereufes encore & tout auffi inévitables. Les fources d'abus y font auffi fécon-
des que promptes à s'ouvrir. Pour les prévenir, il faut l'attention la plus conftante ; pour
les reprimer il faut les plus fermes efforts.

E

La moindre négligence n'en confacre pas feulement les abus anciens, elle encourage les nouveaux à naître. Ils s'élèvent en dépit de la vigilance la plus active, & croiffent bientôt au point de ne pouvoir plus être détruits que par des coups d'autorité.

L'Adminiftration des Hôpitaux ne fauroit donc être trop furveillée ni trop contenue. L'Autorité feule peut le faire en France d'une manière efficace; & comment l'Autorité remplira-t-elle fon devoir à cet égard, fi cette adminiftration fe complique & fe divife? Quand il ne s'agiroit que d'une fimple multiplication d'objets, ce feroit déja un mal. Ces objets ne peuvent fe multiplier fans devenir plus petits, fans fortir dès-lors de la proportion où doivent refter tous les objets *immédiatement* foumis à l'influence du Gouvernement. La régie du plus petit Hôpital fe fubdivife en autant de départemens que celle du plus grand, on ne peut lui en fuppofer *un feul* de moins. Les *fommes* différent, mais le nombre des *fommes* eft le même, & comme le Gou-

vernement ne peut voir que les *fommes*,
il eft clair qu'un petit Hôpital lui donne
tout autant de peine à furveiller qu'un
grand. Mais il en aura trente à furveiller.
Voilà trente fois la même peine à prendre.
Mais ces trente Hôpitaux ne feront pas
femblables. Leur étendue ne fera pas la
même. L'efpèce d'infortunés qui y afflueront
variera. Tel quartier eft plus particuliè-
rement confacré à telle branche d'induftrie
qui produit plus fréquemment telle efpèce
d'accidens que ne produifent pas les autres.
La Régie même ne pourra fe reffembler
dans tous. La Régie tient aux perfonnes,
& l'on n'ofera certainement pas fe flatter
de mettre à la tête de trente Hofpices
trente perfonnes affez *homogènes*, fi je
puis employer ce terme, pour être fûr
qu'elles maintiendront dans tous à la fois,
au même degré & en même temps, le
même efprit, la même activité, la même
manière de voir & d'opérer. Ces caufes
& mille autres ne permettront pas au Gouvernement d'affeoir fes vérifications fur

E 2

des bafes conftantes & pofitives. Chaque
Hofpice exigera une méthode d'infpection
différente ; &, pour peu que l'on veuille fe
repréfenter en action le fyftême des Hofpices, l'imagination fera bientôt effrayée de
la foule d'embarras & de difficultés dont
les innombrables combinaifons de tant
d'élémens variés en furchargeront néceſ-
fairement l'Adminiftration *générale*.

J'ai dit que dans ce fyftême, les objets
en fe multipliant deviendroient plus petits,
& je crois devoir revenir fur cette confidération. Il eft certain que de petits Hôpitaux ne font pas fufceptibles d'auffi grands
abus qu'un grand Hôpital mal adminiftré ;
&, *arithmétiquement* parlant, cela eft tout
fimple. Ces abus peuvent même y être
fi petits qu'ils en deviendront infenfibles ;
mais ce fera un mal de plus, & un mal
bien funefte. Un mal qu'on peut connoître
eft à moitié guéri, & de petits abus multipliés qu'on ne voit pas font tout auffi
réels & bien plus dangereux qu'un grand
abus décelé par fon étendue même. L'inf-

pection de chaque Hospice pourra fort
bien ne laisser appercevoir que des im-
perfections si légères, si peu éloignées du
degré de perfection réelle & desirable,
qu'elles pourront à la rigueur sembler peu
dignes qu'on s'en occupe : mais, mul-
tipliées par le nombre des Hospices, elles
feront une somme qui, rassemblée dans
un grand Hôpital, s'y seroit rendue sensible
au point de provoquer l'animadversion la
plus prompte & la plus vigoureuse. Il en
est de cela comme des erreurs auxquelles
on s'expose en pesant un poids par parties,
ou en mesurant par détails une étendue
donnée; &, pour ne parler ici que d'un
des abus auxquels la Régie des Hôpitaux
n'est malheureusement que trop sujette,
de la déprédation ; quand j'admettrois,
pour un moment, qu'il est impossible de
l'empêcher dans un grand Hôpital, au
moins faudra-t-il m'accorder qu'elle pourra
se glisser aussi dans la régie de trente Hospices. Les mêmes causes peuvent & doivent
l'y produire; mais avec cette différence,

E 3

que tel degré de déprédation fe rendra fenfible dans un grand Hôpital où on ne pourra l'exercer qu'*en gros*, qui réparti *en détail* fur trente Hofpices, eût échappé à la vue, fans en être pour cela ni moins confidérable ni moins funefte.

Cette confidération importante me conduit tout naturellement à examiner plus à fond qu'on ne l'a fait encore plufieurs allégations fpécieufes fucceffivement répétées par tous les partifans du fyftême des Hofpices. L'Auteur déja cité plufieurs fois en a raffemblé un grand nombre. Beaucoup font indépendantes de l'état actuel des chofes, & peuvent être difcutées d'une manière générale. D'autres tiennent uniquement à ce que l'on s'eft accoutumé à regarder les maux exiftans comme des maux néceffaires, & à croire que ce qui n'eft pas eft impoffible. Pour répondre à celles-ci, il me fuffira d'oppofer des vérités nouvelles à de vieux préjugés, & c'eft par là qu'il me fera plus commode de finir.

« Il importe, dit l'Auteur, que l'Ad-
» miniftration de la Maifon publique où
» l'on recueille les infortunés puiffe fe
» rapprocher un peu de l'efprit de *famille*,
» de l'ordre, des foins & de l'affection
» qu'il entraîne ». Oui, fans doute, &
les foins que l'État doit aux infortunés
font à la rigueur des foins véritablement
paternels. C'eft là qu'un Souverain eft
véritablement père, véritablement au milieu de fes enfans. C'eft là qu'il peut goûter
ce doux plaifir d'être béni, d'être adoré,
que refufent fi fouvent à fon cœur les
tracafferies des Cours, & les turbulentes
agitations des ambitieux qui l'environnent. Les infortunés font fa *famille*. Qu'il
ne difperfe donc point, qu'il n'éloigne
point de lui cette famille qui doit lui être
fi chère. C'eft l'éloigner de lui, c'eft la
placer hors de fa vue que de la répandre
dans trente afyles où il ne la verra plus.
Raffemblée fous fes yeux dans un grand
établiffement, il peut plus facilement connoître fes befoins. Il lui fuffit d'un coup

E 4

Idées, &c.
pag. 32.

d'œil pour les voir tous, il lui fuffit d'un mouvement pour les fecourir tous enfemble. Un Hôpital unique, & dont le Souverain ne détourne pas les yeux, eft réellement la maifon paternelle des infortunés. Leur réunion même leur y rend plus fenfible fa préfence. Trente Hofpices divifés feront autant de penfions étrangères où il aura difperfé fes enfans. Ils y échapperont à fa vue, & la petiteffe des divifions produira le même effet que la diftance.

J'abufe, j'en conviens, des expreffions de l'Auteur, & ce n'eft point cela qu'il a voulu dire. Mais l'idée de *famille* eft fi touchante, il l'a offerte en commençant d'une manière fi naturelle, qu'on ne peut s'étonner affez de ce qu'elle ne lui a fourni que d'arides calculs & de froids raifonnemens. « L'intelligence & l'activité de » l'homme, nous dit-il, ont comme fes » forces des bornes affez étroites, & ne » peuvent foutenir qu'un certain nombre » d'idées & de relations ». Cela eft vrai. Mais, eft-ce refpecter les bornes de l'in-

Pag. idem.

telligence humaine, que de compliquer ce
qui peut être fimple, que d'offrir à la furveillance du Souverain trente adminiftrations au lieu d'une ? « On ne peut, ajoûte-
» t-il, étendre l'enfemble qu'en négligeant
» les détails ». Cela eft encore vrai. Mais
eft-ce l'étendre que de le refferrer en un
feul point, & des détails (1) difperfés

(1) Dans le fyftême des Hofpices, comme dans celui
d'un grand Hôpital, la fomme des détails eft néceffairement
la même. Six mille lits, répartis dans trente Hôpitaux ou
raffemblés dans un feul, font toujours fix mille lits. Le nombre des gens de fervice doit être *au moins* auffi grand dans
les trente Hofpices enfemble que dans l'unique Hôpital ; car
il doit être en raifon du nombre des lits, & il y a autant de
lits dans les uns que dans l'autre. Où les deux fyftêmes com-
mencent-ils donc à différer ? Où finit l'*exécution*, & où commence la *furveillance*. Dans l'un ou dans l'autre, la fomme
de l'exécution eft égale ; mais l'un n'aura befoin que d'un
furveillant, tandis que l'autre en exigera trente. A la vérité
ces trente furveillans auront chacun moins de peine que le
furveillant d'un feul Hôpital. Ils n'en auront, fi l'on veut,
pas plus que chaque chef de falle dans ce grand Hôpital.
Mais ces chefs de falle dans l'Hôpital *unique* pourront être
furveillés par un chef *unique*, fous les yeux duquel ils feront
tout naturellement raffemblés ; & qui vous affurera que les
trente furveillans de vos trente Hofpices n'auront pas befoin
d'être eux-mêmes furveillés ? Car il feroit par trop impru-

dans trente Hofpices ne feront-ils pas plus
expofés à être négligés, à être même
inconnus, que fi le Souverain peut les

---

dent de fe flatter que trente infpecteurs ainfi abandonnés à
eux-mêmes n'abuferont jamais de l'indifcrete confiance
qu'on aura pu leur accorder. On trouve des gens de fervice
tant qu'on veut, ce font les bons infpecteurs qui font rares.
Quel eft donc l'avantage d'un fyftême dans lequel il faut
au moins autant de gens de fervice, mais trente fois autant d'infpecteurs; où l'*exécution* reftera au moins la même,
tandis que la *furveillance* fera trente fois plus compliquée?
Pour prouver, non qu'un petit Hôpital donne moins de
peine à adminiftrer qu'un grand (ce n'eft encore une fois
pas de cela qu'il s'agit), mais que trente Hôpitaux de deux
cent lits chacun font plus fûrs d'être bien adminiftrés qu'un
grand de fix mille, c'eft-à-dire de trente fois deux cent lits,
n'eft-il pas auparavant indifpenfable de prouver que trente
perfonnes propres à furveiller font plus faciles à trouver
qu'une feule? Et c'eft à cela que tout fe réduit; car les détails ne font rien fans la furveillance; c'eft elle qui les fait
ce qu'ils font, & compliquer celle-ci fans diminuer la fomme
de ceux-là, eft tout le fruit qu'on peut attendre du fyftême
des Hofpices. Dans tout état de caufe, il en faudra toujours
revenir à confidérer trente Hofpices comme les trente falles
d'un grand Hôpital, qui auroit à lui feul autant de lits
qu'eux tous. Ce fera donc toujours au fond un grand Hôpital,
mais dont les falles, au lieu d'être réunies fous un feul point
de vue, fe trouveront difperfées dans toute l'étendue d'une
ville immenfe. Je le demande encore une fois. Quel peut
être l'avantage du fyftême des Hôpitaux divifés?

appercevoir d'un coup d'œil dans un Hôpital unique ? « Or, continue l'Auteur, dans
» les foins à donner aux malades, les
» détails font tout. C'eft en détail que
» chacun fouffre, c'eft en détail qu'il a
» befoin d'affiftance & de confolation.
» Donc aucune grande Adminiftration n'eft
» propre à le fecourir ».

Il y a ici évidemment un abus de mots,
& c'eft une énigme à débrouiller. La conféquence de l'Auteur feroit bien déduite,
fi c'étoit l'Adminiftration collectivement
prife qui fecourût chaque malade individuellement confidéré. Mais ce n'eft probablement point cela qu'il a voulu dire.
Dans le plus grand Hôpital comme dans
le plus petit, ce ne fera jamais qu'en détail
que chaque malade fera fecouru. Mais,
dans un grand Hôpital, tous ces détails
ne feront qu'une fomme ; ils en feront
trente dans trente petits. L'adminiftration
d'un feul & *grand* Hôpital fera donc réellement une *petite* adminiftration, tandis
que l'adminiftration de trente *petits* Hôpi-

taux fera au contraire une adminiftration d'autant plus *grande* qu'elle fera plus complexe & plus éparfe ; & , avec cette feule interprétation , je fuis entièrement de l'avis de l'Auteur.

Page 33. « Il faut bénir, nous dit-il , la Dame
» *étrangère* qui a profité du crédit dont
» elle jouiffoit, & de la vénération dont
» elle jouira toujours , pour nous donner
» l'exemple d'un Hofpice où les malades,
» foignés avec humanité , meurent moins
» que dans aucun des autres Hôpitaux de
» la Capitale ; & il faut fouhaiter , ajoûte-
» t-il , qu'un zèle trop ardent ne conduife
» pas à multiplier les lits de cet Hofpice de
» manière à en former à fon tour un grand
» Hôpital. Ses fuccès tiennent principale-
» ment à ce que l'entreprife eft bornée ».

C'eft l'exemple feul de cette Femme refpectable que l'Auteur a voulu citer : mais ce n'eft probablement ni fon opinion, ni fon témoignage. Son intention , en fondant cet Hofpice, étoit, non de prouver qu'un petit Hôpital valût mieux qu'un

grand, mais de procurer au Gouvernement
alors occupé de la réforme des Hôpitaux,
un point de comparaison qui le mît à
portée de vérifier s'il étoit réellement
impoſſible d'avoir dans Paris un Hôpital
où il pérît moins de monde qu'à l'Hôtel-
Dieu, & où les malades coûtâſſent moins
à ſecourir. Je ne crains point de l'aſſurer,
& l'on n'en doutera pas, ſi l'on obſerve
que quatre ans après la fondation de cet
Hoſpice, & ſur les réſultats qu'il commen-
çoit dès-lors à préſenter, le Roi ſignoit les
Lettres-Patentes du 22 Avril 1781, leſquelles ordonnent très-poſitivement d'établir *au moins quatre mille lits* à l'Hôtel-
Dieu. Je ne ſouhaite au reſte pas plus que
l'Auteur de voir multiplier les lits de cet
Hoſpice. Le nombre en eſt proportionné
aux forces de l'Adminiſtration *iſolée* qui
le dirige, &, à moins de changer cette
Adminiſtration, cet Hoſpice doit reſter
ce qu'il eſt. Mais je ſuis loin de penſer
comme lui que le ſuccès de cette entrepriſe tienne principalement à ce qu'elle

eſt bornée. Cet établiſſement eſt encore
dans toute la ferveur de la nouveauté. Sa
Fondatrice, les zèlés & intelligens coopé-
rateurs qu'elle s'aſſocia, tous ceux qui,
autoriſés à regarder cet Hoſpice comme
leur ouvrage, peuvent l'aider de l'activité
naturelle à l'amour-propre, reſpirent encore.
L'émulation au dedans, l'intérêt au dehors,
tous deux inſpirés par une entrepriſe ſeule
& ſingulière, ont juſqu'ici défendu cette
Adminiſtration des abus & des langueurs
qui les menacent toutes. Elle eſt encore
ſous la ſauve-garde des vertus qui la fon-
dèrent. Mais les vertus tiennent aux per-
ſonnes, & c'eſt à ces vertus bien plutôt
qu'à ſes bornes que cet établiſſement doit
ſes ſuccès.

Je ne puis le répéter aſſez. La grande
erreur de l'Auteur, ainſi que de la plupart
des partiſans du ſyſtême des Hoſpices,
eſt de donner trop à la confiance, eſt de
trop compter ſur l'influence des vertus
privées. Il eſt doux aſſurément, il eſt même
déja vertueux d'y croire, mais il eſt dan-

gereux de les affujettir au calcul. Dans
les Gouvernemens républicains ou mixtes,
les forces privées & morales étant réellement des forces publiques & adminif-
tratives, ce danger eft moindre, peut-être
même nul, ce que je n'oferois cependant
affurer : mais dans les Gouvernemens monar-
chiques, il n'en eft pas de même. « Les
» paffions, nous dit l'Auteur, font les
» forces de l'ame, & la fageffe des Gou-
» vernemens confifte à tourner au bien Page 37.
» public, & à rendre utile à la Société
» l'énergie de toutes les paffions parti-
» culières ». La morale publique doit,
j'en conviens, être regardée comme une
branche d'Adminiftration ; mais ce ne peut
être qu'une branche fecondaire & d'influence, jamais un moyen direct & calculable. Il eft fage fans doute de profiter
dans l'occafion des paffions particulières,
mais non de les prendre pour bafe d'une
opération pofitive & conftante. N'affigner
à des objets de befoin fixe que des moyens
moraux, c'eft-à-dire variables & précaires,

eſt une très-forte inconſéquence, & le
ſyſtême des Hoſpices n'en offre preſque
pas d'autres au Gouvernement pour remplir
un de ſes premiers, un de ſes plus invariables devoirs. Les paſſions, l'émulation,
les vertus ne feront pas demain ce qu'elles
étoient hier, & le beſoin des pauvres
malades ſera dans cent ans ce qu'il étoit
il y a un ſiècle. Le Gouvernement, je
l'ai déja dit, n'a que deux partis à prendre
à l'égard de ces paſſions & de ces vertus,
les diriger, ou s'en repoſer ſur elles. Les
diriger eſt impoſſible. Eſſentiellement indépendantes, elles fuiroient, elles s'anéantiroient devant l'Autorité. S'en repoſer
ſur elles, ſeroit dangereux dans un objet
de premier beſoin. Les abus naîtroient
malgré elles, parce qu'ils naîtront toujours
quoiqu'on faſſe ; ce n'eſt que par l'Autorité
que des abus peuvent ſe détruire, & il
ne peut exiſter aucun rapport, aucun pacte
entre-elles & l'Autorité.

J'ai dit que les vertus & les paſſions
privées étoient preſque le ſeul moyen que
le

le fyftême des Hofpices offrît au Gouvernement, & l'Auteur en effet n'en préfente
pas d'autres. Il propofe d'établir un Hofpice
dans chaque Paroiffe, & à qui en confie-
t-il l'adminiftration ? Au Curé, aux Marguilliers & aux Dames de Charité. Et qui
aura foin de ce qu'on appelle les pauvres
de la Paroiffe ? Le Curé, les Marguilliers Page 22.
& les Dames de Charité. Il fuppofe qu'ils
fuffiront à ce double fervice ; & il ne fait
pas attention qu'à peine ils peuvent fuffire
à celui des deux qu'ils fe font exclufivement réfervé jufqu'ici. Il fuppofe peut-
être que le nombre des ames pieufes aug-
mentera ; mais eft-il prudent d'y compter
pour un befoin auffi pofitif, auffi preffant ?
Il fuppofe qu'il ne fera pas néceffaire de
rendre chaque Hofpice très-confidérable ; Page 38.
il fe fonde fur ce que celui de Saint-
Sulpice n'a que cent trente lits ; mais il
oublie qu'il doit propofer de fupprimer Page 59.
l'Hôtel-Dieu, & il ne comprend pas dans
l'évaluation de l'Hofpice qu'il cite pour
exemple, tous les malades de cette Paroiffe

F

qui peuvent maintenant fe trouver à l'Hôtel-
Dieu, & qui alors retomberont à la charge
de cet Hofpice. Il fuppofe enfin que ces
Hofpices feront chacun d'une étendue proportionnée aux forces d'une adminiftration privée; & je crois avoir démontré
que non-feulement l'adminiftration des
Hôpitaux ne doit pas, mais qu'elle ne
peut même pas être une adminiftration
privée.

Page 38.

Il eft cependant poffible que des Hofpices
s'établiffent avec quelqu'avantage dans la
Capitale, & voici comment. Chacun eft
maître chez foi, & par ce principe les
Adminiftrations paroiffiales font maîtreffes
de difpofer, ainfi qu'elles le jugent bon,
des fonds qui leur font confiés pour le
foulagement des pauvres. S'il en eft dans
la Capitale d'affez étendues ou d'affez
riches, pour pouvoir, fans que leurs pauvres
en fouffrent, prendre fur ces fonds les
frais d'une fondation d'Hofpice; fi même,
par des circonftances locales, elles peuvent y trouver quelque économie; fi cela

leur paroît d'ailleurs plus commode & plus sûr, que d'aller chercher, trouver, fecourir les pauvres dans les galetas qui les recèlent, elles peuvent fans doute à cet égard faire ce qu'elles voudront, & tout ce qui tend au bien de l'Humanité ne peut jamais être blâmable ni fuperflu. Mais, fondâffent-elles toutes chacune le leur, le Gouvernement ne feroit pas pour cela difpenfé de fonder un Hôpital unique & confidérable. On voit d'abord que le but principal de ces Hofpices fera la plus grande commodité du fervice, & qu'ils ne s'ouvriront guères que pour des malades, qu'à leur défaut, la Paroiffe auroit fecourus chez eux. D'ailleurs, la première précaution à prendre dans leur établiffement fera d'en fixer & d'en ifoler bien pofitivement le reffort, & c'eft d'après cette fixation que l'étendue refpective de chacun devra être enfuite déterminée (1). Il fera réglé fans

_____

(1) En chargeant le *Gouvernement* de l'établiffement des Hofpices paroiffiaux, l'Auteur propofe de *partager* entre ces divers Hofpices les *revenus actuels* de l'Hôtel-Dieu (page

F 2

doute que chaque Hofpice ne pourra s'ouvrir qu'aux malades de la Paroiffe où il
fera fondé. Sans ce réglement, on feroit
tous les jours expofé, ou à des engorge-
mens dangereux, ou à voir des malades
promenés d'Hofpice en Hofpice jufqu'à
ce qu'on en eût trouvé un qui eût des lits
vacans, & au rifque de n'en pas rencontrer
un feul en état de les recevoir. Ainfi, pour

---

22 & ailleurs). Dans cette répartition, il arrivera à chaque
Paroiffe de trois chofes l'une, ou qu'elle aura fon compte
jufte, ou qu'elle aura trop, ou qu'elle n'aura pas affez. La
première feroit le mieux, mais comment fera-t-on fûr d'y
parvenir? Toutes les bafes que l'on pourroit prendre font
fufceptibles de varier d'une année, d'un mois, d'une femaine
à l'autre : une foule d'accidens locaux & fubits peut évidemment rendre exceffive le lendemain la même fomme qui aura
été infuffifante la veille. Si cette fomme eft exceffive, qui
le dira? Sera-t-on fûr que les Adminiftrateurs l'avoueront?
S'ils fe taifent, où reprendra-t-on pour les autres Paroiffes
le fecours dont *le trop reçu* les aura privées? Si leur part eft
infuffifante, elles fe plaindront à coup fûr; mais faudra-t-il
toujours les en croire? Il eft, avouons-le, auffi commode
que facile de propofer des fyftêmes, les réalifer eft autre
chofe; & tel paroît au premier coup d'œil, fimple, fpé-
cieux, féduifant, raifonnable, qui, vu de plus près, peut
tout à coup, devenir abfurde ou impoffible.

entrer dans un Hofpice, il faudra des
relations paroiffiales, des certificats, des
indications, des formalités, en un mot,
tout ce qu'il faut maintenant pour parvenir feulement à être infcrit fur le regiftre
des pauvres malades de fa Paroiffe. Ces
Hofpices rentreront donc abfolument, &
à la rigueur, dans la claffe des fecours
paroiffiaux, & je n'ai que trop démontré
que ces fecours, tant par leurs bornes
connues que par les formes effentiellement
inhérentes à leur adminiftration, non-feulement devoient refter indépendans du Gouvernement, mais *ne diminueroient jamais
d'un feul* le nombre des malades exclufivement réfervés à fa furveillance *immédiate.*

Il faut donc un Hôpital général & unique. Il le faut *unique* : car, vouloir prendre
un milieu entre les deux fyftêmes, en faifant deux, ou quatre, ou fix Hôpitaux
feulement, au lieu des trente-neuf que demande l'Auteur, eft un parti qui ne vaut
pas la peine qu'on y fonge. D'abord, toute

F 3

divifion, fi petite qu'on la fuppofe, fera af-
fujettie aux diftinctions de reffort dont je
viens de parler, ainfi qu'aux dangereux embarras qui en feront la fuite néceffaire. De
plus, que gagnera-t-on à cette divifion reftreinte & timide? Je fuis, ainfi qu'on le
verra tout à l'heure, bien éloigné de penfer
qu'il foit impoffible, ou de rendre falubre,
ou de bien adminiftrer un grand Hôpital.
Ce préjugé cependant eft la plus forte objection que l'on puiffe oppofer au fyftême
d'un Hôpital unique; & c'eft d'après ce préjugé même, que j'ofe foutenir qu'il eft dangereux de bâtir deux, quatre ou fix Hôpitaux au lieu d'un feul. En effet, ces deux,
ces quatre, ces fix Hôpitaux feront encore
très-grands ; & tout ce que l'on gagnera à
ce parti, fera de réunir les inconvéniens
démontrés de la divifion des Hofpices à l'inconvénient *prétendu* des grands Hôpitaux.
Quelque degré de divifion que l'on adopte,
il fera impoffible d'éviter ou l'un des deux
inconvéniens, ou tous les deux à la fois.
Que les partifans des Hofpices fixent eux-

mêmes, s'ils le peuvent, le degré de divifion
propre à garantir de cette fâcheufe alternative. Que l'Auteur entr'autres déja cité tant
de fois , effaie de foumettre à des calculs
raifonnés d'embarras ou de dépenfe , & fon
fyftême & le mien. Je dis *raifonnés* ; car
ceux qu'il a préfentés dans fon ouvrage ont
grand befoin d'être revus ; & quelqu'aride
que puiffe en être la difcuffion, quelque
preffé que foit l'examen de plufieurs quef-
tions plus intéreffantes qui me reftent à traiter, je ne crois point devoir laiffer ces calculs en arriere. Des calculs font une forme
d'argumens trop précife & trop impofante
pour être négligés.

Il fuppofe que les fecours domeftiques
peuvent s'étendre à quatre-vingt malades
par Paroiffe l'une dans l'autre, & il femble
fonder cette affertion fur des détails relatifs à la paroiffe Saint-Roch. Il ne préfente
pas, il eft vrai, de relevé précis du nombre des malades de cette paroiffe, ni d'aucune autre. Mais, quand je lui accorderois
cette évaluation générale, qu'eft-ce que cela

Idées , &c.
Page 29.

F 4

prouveroit ? Que toutes les paroiſſes en-
Pages 29 & 53. ſemble, ainſi qu'il le dit, peuvent ſecourir
plus de trois mille malades chez eux ? Si
elles le peuvent, elles le font ; car tout
homme qui connoîtra l'eſprit, le zèle &
l'activité vertueuſe de ces Adminiſtrations,
ne pourra ſans injuſtice les accuſer de faire
moins qu'elles ne peuvent. Ainſi ce calcul
nous apprend, non ce qui eſt poſſible, mais
ce qui eſt déja, & devient dès-lors abſolument inutile.

Il établit ſur le même & pareil nombre
Page 38. de quatre - vingt malades , le nombre
moyen de lits à fonder dans chaque Hoſpice de Paroiſſe. Cette rencontre préciſe auroit quelque choſe de ſingulier, ſi elle étoit
produite par des baſes ſûres ; mais quelle
eſt celle de l'Auteur ? L'aſſertion déja citée
que l'Hoſpice de Saint-Sulpice n'a que cent
trente lits. Que l'on trouve un ſeul habitant
de cette paroiſſe couché dans les ſalles de
l'Hôtel-Dieu, & cette baſe eſt démontrée
fauſſe. En attendant que la vérification en
ſoit faite, je me contenterai de lui répondre

que fes 80 lits par Hofpice, ne feront que 3120 lits en tout, & que les Lettres-Patentes de 1781, rédigées fur des mémoires probablement plus précis que ceux de l'Auteur, élevent à 4000 *lits au moins* le nombre de lits néceffaire à l'Hôtel-Dieu, & tiennent compte en outre des Hofpices qui pourront s'établir pour le foulager.

« Mais, dit l'Auteur, vingt Maifons de Page 49. » Santé, à cent penfionnaires chacune, re- » cueilleroient 2000 malades de plus » ; & voilà, ce femble, de quoi remplir le vuide. Qu'eft-ce que ces vingt Maifons de Page 43. Santé ? Des Maîtres riches, nous dit-il, » *n'oferoient* faire placer ailleurs leurs do- » meftiques. Les gens aifés, ajoute-t-il, fe- » roient follicités par leur propre cœur & » par ceux qui les entourent, pour y foute- » nir les artifans qui auroient fervi, ou qui » feroient connus dans leur maifon ». Mais il exifte dans Paris des Garde-malades prenant penfionnaires, dès à préfent con- facrées à ce fervice. Leur nombre eft con- fidérable ; & ici, comme à l'article des fecours de Paroiſſe, l'Auteur ne nous offre aucun ſecours nouveau, il nous donne ce que nous avons déja.

Page 41. Il préſente ces Maiſons de Santé comme *un objet d'entrepriſe & de profit* pour les infirmiers en chef qui voudront, ainſi qu'il l'eſpère, en établir & en diriger. Il prouve par des comparaiſons & des calculs que le bénéfice à y faire (à faire, c'eſt-à-dire, ſur des ſecours de malades) peut aller à *dix-ſept pour cent*. Ce réſultat eſt curieux, & pourroit paſſer pour une ſatyre; mais ce qui ſuit l'eſt encore davantage. » Beaucoup de per-

Page 42. » ſonnes, dit-il, peuvent être tentées de » joindre ce bénéfice au *mérite* des œu- » vres de charité ». Je n'ai pas de peine à le croire, & c'eſt certes un bon marché à faire que cette charité là. Mais ſi ces per-ſonnes, une fois *blaſées* ſur le doux intérêt de dix-ſept pour cent, viennent à être ten-tées de le porter à trente pour cent; ſi, arrivées à trente, elles trouvent commode de pouſſer juſqu'à cent pour cent; ſi.....
Mais l'Auteur ne craint pas ce danger. «Il

» n'eſt, dit-il, & je ne puis me refuſer à
» tranfcrire en entier ce paſſage, il n'eſt
» aucune des forces que la nature pourroit
» porter à fecourir les *pauvres malades*, qui
» ne doivent être recueillies & dirigées
» vers cet objet.... Il eſt bien ſans doute,
» ajoute-t-il, d'y employer les ſoins de la
» famille, la tendreſſe de l'amitié, le zèle
» de la piété, la ſenſibilité de l'amour-pro-
» pre. Il reſte une paſſion, moins noble, il
» eſt vrai, mais *malheureuſement* auſſi puiſ-
» ſante, dont il ne faut pas dédaigner d'ac-
» croître leurs richeſſes, & qu'il faut auſſi
» enchaîner à leur ſervice, c'eſt L'INTÉRÊT,
» c'eſt L'AMOUR DU GAIN .... L'amour du
gain devenu infirmier! Le loup devenu ber-
ger !... Je ne veux, s'il eſt poſſible, ni me
fâcher, ni rire; mais aſſurément cette idée
peut ſe paſſer de commentaire.

Page 40.

Après avoir calculé ce qu'on peut gagner
ſur des fecours de malades, l'Auteur
préfente des évaluations de bâtimens. Page 52.

« M. Poyet, nous dit-il, eſtime à douze
» millions les frais de conſtruction de ſon

» Hôtel-Dieu. Il a été *démontré* qu'ils s'é-
» leveroient à plus de trente ». J'en demande pardon à l'Auteur. Cela a bien été
dit ; il a même été fuppofé, mais il n'y a
pas regardé de fi près, qu'en tout comptant, ces frais pourroient s'élever à plus de
cinquante : mais cela n'a certainement pas
été *démontré*. Ce qui l'a été, c'eft que, *tout
compris*, l'Hôtel-Dieu de M. Poyet iroit
à 17,662,516 liv. 16 f. Ce qui l'a été encore,
c'eft qu'un appréciateur qui, après avoir
évalué à douze ou treize cent mille francs,
ce qui coûtera plus de fept millions, porte
à cinquante millions ce qui n'en coûtera pas
dix-huit, ne méritoit aucune confiance ; &,
fi l'Auteur eût pris la peine de lire l'*Ana-
lyfe du Relevé*, comme il paroît qu'il a lu
le *Relevé* lui-même, il fe fût fans doute
bien gardé de décorer du titre impofant
de *démonftrations* les trompeufes affertions
de cet ouvrage.

S'il eût également voulu lire le compte
rendu & imprimé de l'Hofpice Saint-Jac-
ques-du-haut-pas ; il y auroit vu que cet Hof,

Voyez le Relevé des erreurs, &c. pag. 12, & l'Analyfe de ce Rele-vé, pag. 59.

Voyez le Relevé, p. 5, & l'Ana-lyfe, p. 57.

pice avoit coûté cent quatre-vingt mille livres; que cette fomme n'y avoit même pas
fuffi, puifque le compte rendu, en l'avouant,
imploroit encore le fecours des ames com-
patiffantes pour l'achever, quoique les maîtres Carriers de cette paroiffe fe fuffent
empreffés d'y fournir gratuitement des ma-
tériaux ; & bien affuré qu'un Hofpice de
trente-huit lits avoit coûté au moins *deux cent
mille francs*, il fe feroit bien gardé d'affirmer
que *trente-huit* Hofpices de *quatre-vingt lits*
ne coûteroient pas *avec les meubles néceffaires* plus de *cent mille francs* chacun, & ne
demanderoient qu'une avance totale de *trois
millions huit cent mille livres.*

Idées, &c.
pag. 53.

D'après la *fauffe* fuppofition que l'Hôpital de M. Poyet coûtera *trente millions*, il
calcule les intérêts de ce capital, & en conclut que dans ce projet, il en coûtera vingt
fols par jour par chaque malade pour le loger
feulement, & avant qu'il foit pourvu à aucun de fes befoins. Ce calcul repofant fur
une hypothéfe exagérée, doit d'abord être
réduit, & j'avouerai, fi l'Auteur l'exige,

Page 52.

qu'un bâtiment de dix-huit à vingt millions
chargera d'environ douze fois la dépenfe de
chaque journée de malade : mais qu'importe
s'il faut bâtir , & fi le bâtiment doit forcé-
ment avoir une étendue qui motive cette
dépenfe? Voulût-on comprendre dans la dépenfe d'une garnifon , l'intérêt du coût des
cafernes néceffaires à la loger, cette confidération doit-elle empêcher de bâtir des
cafernes ? S'il eft une fois établi que cette
confidération mérite le moindre égard ,
s'il eft permis fur-tout de la hazarder en
parlant de ce que l'on doit à l'Humanité
fouffrante , que deviendront les arfenaux ,
les magafins , les promenades , les pla-
ces, les théâtres , tous les monumens publics d'utilité , de commodité ou d'embel-
liffement ? A moins de foigner fes malades
dans la rue , le Gouvernement doit bâtir :
cela eft auffi néceffaire que de les fecourir,
puifqu'il ne le peut fans cela. Qu'importent
dès-lors ces vains calculs de dépenfe? « Les
» foins , ai-je lu quelque part, à donner aux
» malheureux qui joignent aux privations

» de l'indigence les douleurs & les dangers
» de la maladie, & à leur donner fous une
» forme qui foit pour eux un véritable fe-
» cours, & non pas *un moyen d'en débarraf-*
» *fer la Société*, étant une charge publique,
» & l'*une des plus facrées d'un Etat policé,*
» il ne s'agiroit pas *de compter les millions*;
» fi ce n'étoit qu'en les prodiguant qu'on
» pût remplir ce devoir ». Qui a dit cela ?
l'Auteur lui-même, page 62 de fon ouvrage,
dix pages feulement après l'évaluation du
projet de M. Poyet, & je n'ai pas autre chofe
à répondre à cette effrayante évaluation.

Revenons. L'objection favorite des partifans des Hofpices, celle qu'ils fe plaifent
davantage à répéter contre les grands Hôpitaux, eft l'impoffibilité prétendue, 1°. de
les rendre falubres; 2°. d'y diftribuer les
remédes & les alimens fans erreur, fans abus,
fans perte & fans pillage ; 3°. de prévenir
dans leur adminiftration la négligence des
foins de détail « à laquelle, dit l'Auteur, Page 49.
» les grandes adminiftrations font condam-
» nées par la nature ».

1°. *Il est faux qu'il soit impossible de rendre de grands Hôpitaux salubres.* Ce n'est point *précisément* au nombre des lits que tiennent

Page 49.

» les inconvéniens de l'accumulation du » mauvais air, & du mélange toujours si » dangéreux des miasmes qui s'exhalent de » la plupart des malades » dans certains grands Hôpitaux; mais au rapprochement excessif de ces malades, à la disposition vicieuse du bâtiment, à la proportion trop forte où le nombre des lits s'y trouve avec l'étendue de l'espace qui les renferme. L'expérience la plus positive vient à l'appui de ce principe. Il existe de très-grands Hôpitaux en Angleterre; les deux Hôpitaux principaux de Rome montent ensemble à 2220 lits; l'Hôpital du Saint-Esprit, l'un des deux, en a plus de 1800; celui de Florence en a 1034; celui de Lyon reçoit jusqu'à 1200 malades; celui de Vienne en secourt jusqu'à 3000; les Hôpitaux de Naples, de Milan & de Gênes sont immenses; & tous ces Hôpitaux, ceux d'Italie sur-tout où la température du climat peut ajouter tant d'énergie aux

caufes

ſes ordinaires de mortalité, ne perdent qu'un dixieme, un douzieme, un quatorzieme de leurs malades ; tandis que l'Hôtel-Dieu de Paris perd le quart, le cinquieme, au moins le ſixieme des ſiens ; que la Charité qui eſt un *petit* Hôpital, perd le huitieme & le neuvieme ; que l'Hoſpice de Vaugirard , *plus petit encore,* perd un douzieme, c'eſt-à-dire, *autant que les plus grands Hôpitaux de l'Europe.* Je pourrois m'en tenir à ces faits, mais il y a plus. En bonne phyſique, qu'eſt-ce qui diſtingue l'air *ſalubre* de l'air *vicié* ? Ce n'eſt point l'abſence *totale & abſolue* de cauſes de corruption ; car il n'eſt pas d'air rigoureuſement pur, pas même peut-être ſur le ſommet des plus hautes montagnes ; c'eſt la *proportion* , ce ſont les *doſes reſpectives* du mélange , c'eſt le *rapport* qui ſe trouve entre un volume d'air donné , & la quantité des principes de corruption qui peuvent y être délayés. Que les Savans déterminent juſqu'à quelle proportion ces principes peuvent ſe mêler à l'air avant de le rendre réellement inſalubre & dangereux. C'eſt un problême

G

que des expériences positives peuvent résou-
dre, & l'analyse chymique n'en a peut-être
pas de plus intéreffant à fe propofer. Les
expériences faites & ce rapport connu, qui
empêchera de déterminer d'après lui l'étendue à donner à l'Hôpital le plus confidérable
par le nombre de fes lits? En coûtât-il une
plaine à facrifier, ce feroit un embarras
plutôt qu'un inconvénient ; mais cet embarras même aura-t-il lieu? L'expérience
préfente à cet égard une approximation qui
peut raffurer. Une chambre de huit à neuf
toifes cubes, dont les fenêtres pourront s'ouvrir de temps en temps, peut à toute force
recevoir fans danger un malade attaqué
d'une fiévre putride. Ainfi, un Hôpital,
grand ou petit, où chaque lit répondra à un
cube d'air de huit à neuf toifes, fans même
avoir égard à l'étendue des cours, à la bonne
difpofition des courans, ni à la multiplication des ouvertures ; cet Hôpital, dis-je,
pourra paffer pour falubre. Or, les falles
feules de l'Hôtel - Dieu de M. Poyet,
qui n'eft certainement pas d'une étendue à

effrayer, formeroient, *toutes cours & deffertes déduites*, un cube de 59,280 toifes,
& fur le pied de 5200 lits qu'il peut contenir à l'aife, c'est près de douze toifes
cubes par lit (1).

2°. *Il eft faux qu'il foit impoffible de diftribuer les remedes dans un grand Hôpital,
fans erreur, fans abus, fans perte & fans
pillage.* Le chapitre fuivant fera employé à
le prouver, ainfi qu'à développer beaucoup
d'autres vérités jufqu'ici trop négligées :
mais en attendant, je me permettrai d'arrêter un moment mes lecteurs fur une allé-
gation curieufe de l'Auteur.

---

(1) Il faut remarquer que ces 5200 lits feront rarement
tous pleins à la fois, que fouvent même il n'y en aura gueres que les deux tiers d'occupés, & qu'alors il faudra répartir entre ces lits occupés, autant de fois douze toifes
cubes qu'il y aura de lits vacans, & cette confidération doit
entrer pour quelque chofe dans l'évaluation qu'on voudroit
faire de la falubrité de cet Hôpital. Au refte, il eft fi vrai que
la falubrité tient moins au nombre *abfolu* des lits qu'à l'étendue *proportionnelle* de l'enceinte qui les renferme, que je
ne crains point d'affurer qu'une falle de vingt lits auffi rap-
prochés que le font ceux de l'Hôtel-Dieu actuel, fera plus
meurtrière qu'un Hôpital de 3000 lits, de 6000 même, où
ces lits feront à l'aife.

Page 55.

« Un mal qui fait frémir, nous dit-il,
» & qu'il eſt *preſque* impoſſible d'éviter
» dans un Hôpital où les malades ſont trop
» nombreux, c'eſt l'erreur dans la diſtribu-
» tion des remédes. Un malade auquel
» une potion vivement cordiale a été or-
» donnée *tourne à la mort*; il faut l'enle-
» ver de ſon lit ordinaire, & le paſſer dans
» ceux deſtinés à ces triſtes momens. Sa
» place eſt priſe par un autre qui eſt dans
» le commencement d'une fièvre inflamma-
» toire. Le diſtributeur arrive : guidé par
» le numéro, il donne la potion, & le ſe-
» cond malade ſuit le premier ».

Voilà un fait aſſurément bien circonſtan-
cié, bien détaillé : mais l'Auteur auroit bien
dû citer l'Hôpital, l'année, le mois, le jour,
le numéro même du lit où il l'a vu arriver.
Il auroit dû nous apprendre dans quel Hôpital on a aſſez de lits de reſte pour en deſ-
tiner de particuliers aux moribonds, & quel
bien peut réſulter de cet uſage, s'il exiſte;
dans quel Hôpital les lits ſont aſſez nombreux pour pouvoir en faire changer aux ma-

lades dans le cours même de leur maladie ,
dans un moment fur-tout où leur vie ne te-
nant plus qu'à un fouffle, ils n'ont plus d'autre befoin que d'expirer fans trouble, où l'on
ne peut dès-lors les tourmenter , les agiter,
les tranfporter , fans rendre plus affreux ,
fans accélérer encore leur dernier inftant. Il
peut, je le fais, avoir vu à l'Hôtel-Dieu de
Paris des cadavres encore chauds précipitam·
ment déplacés pour des malades qui arrivent
& qu'il faut loger; mais ce font des cadavres
bien reconnus cadavres , & non point des
moribonds. Or, à l'Hôtel-Dieu même , le
fait tel qu'il l'allégue eft impoffible. Il parle
d'une potion vivement cordiale. C'eft un
reméde très-actif, dont un inftant détermine
le befoin , qui s'ordonne au moment , qui
doit s'adminiftrer à la minute. Comment
l'Auteur veut-il donc que dans le peu d'inftans qui doivent s'écouler entre l'ordon-
nance & l'arrivée du remède , un malade
ait le temps de *tourner à la mort* , de mourir,
d'être enlevé , tranfporté, remplacé enfuite
à point nommé par un autre qui prendra

G 3

docilement fans doute une potion inconnue, avant qu'aucun Médecin l'ait vu & lui ait rien ordonné? Ce n'eft point ainfi que les erreurs de diftribution arrivent à l'Hôtel-Dieu: elles y font uniquement occafionnées par l'embarras d'un fervice immenfe à faire dans un trop petit efpace, & fur-tout par les méprifes très-poffibles entre trois, quatre, cinq malades différens, mais couchés dans le même lit, & défignés par le même numéro. Il eft des Hôpitaux où l'on a des lits de refte; mais, loin d'en affecter de particuliers aux moribonds, ufage qui ne peut être motivé par aucun prétexte, même de police ou de commodité, on y a celui un peu plus raifonnable, à l'inftant de la mort d'un malade, d'enlever fes draps, fes matelats, fes rideaux mêmes fuivant l'exigence des cas, de les porter au grand air, & de laiffer le lit vuide & ouvert pendant un jour entier : mais ce n'eft dans aucun des Hôpitaux ainfi tenus que l'Auteur peut avoir été témoin du fait qu'il rapporte.

3°. *Il eft faux que les grandes Adminif-*

trations d'Hôpitaux foient condamnées par
la nature à la négligence des foins de détail;
ou, pour s'exprimer en termes plus précis;
il eft faux qu'il foit impoffible de prévenir
cette négligence dans l'Adminiftration des
grands Hôpitaux.

Je pourrois le prouver de deux manières ;
ou par l'exemple de grands, de très-grands
Hôpitaux où les détails ne font aucunement
négligés, ou en examinant le régime in-
terne de ceux où ils le font, & en faifant
voir que les abus y tiennent bien moins à
leur étendue qu'aux vices conftitutionnels
de leur Adminiftration. Mais cette recherche feroit trop délicate, & d'ailleurs je puis
m'en paffer. L'erreur que je combats doit fa
naiffance à des préjugés plutôt qu'à des faits
pofitifs; elle vient fur-tout de ce qu'on s'eft
trop empreffé de regarder comme impoffible ce qui n'eft que difficile, ce qui ne l'eft
même qu'en apparence. N'examinons donc
point ce que font les Hôpitaux actuels ;
fuppofons pour un moment qu'il n'en exifte
pas, & qu'on veut en établir. C'eft un pro-

blême à réfoudre, c'eſt une création à faire.
Si, par des moyens pris dans l'ordre moral,
dans la nature des choſes, dans l'expérience
même, je puis parvenir à préſenter le tableau d'une Adminiſtration de *grand* Hôpital, dans laquelle tous les détails puiſſent
s'appercevoir & ſe ſoigner ; ſi je démontre
la poſſibilité de donner à une Adminiſtration de *grand* Hôpital des forces dont
l'effet ſoit infaillible & conſtant , dont
l'activité ne perde rien, *ſe reproduiſe même*
à chaque détail avec autant d'énergie que
dans l'enſemble, j'aurai prouvé, je penſe,
qu'une bonne Adminiſtration de grands
Hôpitaux n'eſt pas une chimère ; j'aurai
prouvé combien il eſt faux qu'une telle
adminiſtration ſoit impoſſible.

CHAPITRE V.

De l'Adminiſtration des Hôpitaux.

JE pars, ainſi que je viens de l'annoncer, de la ſuppoſition qu'il n'exiſte ni Hôpitaux, ni Adminiſtrations d'Hôpitaux, qu'on en ſent le beſoin, & qu'on veut en établir. Comment y procédera-t-on ?

La première choſe à faire eſt de bâtir. Mais le choix du plan n'eſt pas indifférent, & les diſpoſitions géométriques de l'Archi-tecte peuvent aider ſingulièrement à la police intérieure de l'Adminiſtration.

Je demande à mes lecteurs la permiſſion de répéter ici ce que j'ai dit ailleurs à cet égard; je ne crois pas pouvoir rendre mieux mon idée. Dans un Hôpital, le ſervice doit être régulier, ſimple & rapide. Cette régu-larité, cette ſimplification & cette rapidité tiennent autant à l'étendue proportionnée de l'emplacement, qu'à la ſymétrie de la

Voyez le Supplément au Mémoi-re ſur l'Hô-tel - Dieu, page 38.

difpofition, à la diftribution égale, régulière
& combinée des dépôts, des furveillances,
des deffertes, en un mot, de tous les divers
points de ralliement du fervice ; en forte
que, le premier befoin rempli, celui d'une
étendue fuffifante, (& cette étendue fert
à prévenir l'entaffement des détails & la
confufion des départemens) les formes de
diftribution choifies par l'Architecte doivent à la rigueur être phyfiquement & pré-
cifément repréfentatives de l'ordre à établir
dans l'Adminiftration.

Je fuppofe le bâtiment élevé fuivant ces
conditions effentielles. Il ne refte plus qu'à
y loger l'Adminiftration. Comment doit-
elle à fon tour être conçue?

Deux principes fondamentaux doivent,
ce me femble, préfider à l'établiffement de
toute Adminiftration d'Hôpitaux. Le premier, que la *furveillance* & *l'exécution* doivent non-feulement y être féparées & ne
jamais fe réunir dans la même main, mais
qu'elles doivent de plus être oppofées, au
point que toute connivence foit impoffible.

Le fecond, qu'il eft indifpenfable qu'aucun abus ne puiffe s'y cacher, être négligé, ni refter impuni.

Si la *furveillance* & *l'exécution* fe trouvent dans la même main, tout eft perdu. La *furveillance* & *l'exécution* tiennent à des principes incompatibles, inconciliables. L'une eft faite pour commander, l'autre pour obéir. La première eft générale & agit fur l'enfemble; la feconde eft locale & tient aux détails. La *furveillance* eft inféparable de la confiance & fuppofe la vertu; *l'exécution* eft rigoureufe, & doit être indépendante de toute fuppofition morale ou perfonnelle. La vertu peut l'accompagner; mais on ne doit pas l'y fuppofer, on ne doit jamais croire qu'elle y foit effentiellement inhérente. *L'exécution* ne peut être une affaire de confiance; du moment où elle le devient, tout eft précaire & incertain. Elle ne doit jamais paroître devant la *furveillance* qu'en qualité de comptable ou de refponfable, qu'en qualité même d'accufée qui fe juftifie. L'une eft juge, l'autre eft partie; l'un

ne doit jamais être l'autre. Des Chargés de
détails ne peuvent donc être Adminiſtrateurs. Ce ſont des employés, des ſubordonnés ; ils doivent être comptables, reſpon-
ſables, puniſſables. Réciproquement, des
Adminiſtrateurs ne peuvent être Chargés
de détails. Leur fonction eſt de ſurveiller,
de recevoir des comptes, de réprimer, de
punir. Ce devoir eſt incompatible avec
celui d'exécuter, de rendre compte, d'obéir.
Jamais donc des Chargés de détails ne doivent avoir voix délibérative. La voix con-
ſultative même peut à peine leur être accordée ſans danger.

Il eſt néceſſaire qu'aucun abus ne puiſſe ſe
cacher, être négligé, ni reſter impuni. Rien
ne favoriſe plus le déſordre que l'impunité.
Rien ne favoriſe plus l'impunité que l'eſpoir laiſſé au délit de ſe ſauver par le nombre des coupables, ou par l'incertitude des
imputations. Dès qu'il exiſte un délit, le
coupable doit être connu. La conſtitution
doit être conçue de manière que ce ſoit le
délit même qui dénonce le coupable, qu'il

n'en dénonce pas deux ou plufieurs, mais un feul, fans équivoque ni doute. Sans cette précaution , vous expofez la *furveillance* à l'embarras des recherches ; & , defcendue une fois de fon tribunal pour pourfuivre le délit, il fera facile à celui-ci de fuir devant elle , de l'égarer à fa fuite, & de fe dérober à fa vue dans le labyrinthe des détails.

Venons maintenant à l'application de ces principes. L'Adminiftration des Hôpitaux fe divife en deux parties bien diftinctes ; l'Adminiftration *furveillante*, & l'Adminif-tration *exécutrice*. Il réfulte des vérités établies dans les Chapitres précédens que la première appartient au Souverain. Qu'il l'exerce par lui-même, qu'il la confie à un Miniftre , à un Commiffaire départi , à une Cour Souveraine, à une Commiffion, à un Bureau, peu importe, pourvu qu'il arme de tout fon pouvoir la force qu'il y emploiera ; pourvu que cette force émane de lui direc-tement & immédiatement ; pourvu qu'elle foit *externe* & abfolument détachée de l'Adminiftration exécutrice ; pourvu que les formes de recherche, d'examen & de punition foient claires, précifes, fimples, rapides & inévitables ; pourvu que l'*exé-cution* ne paroiffe jamais devant la *fur-veillance* avec l'appui d'une confiance dont elle ne doit jamais jouir. Au moyen de ces précautions qu'il eft aifé de confoli-der par un réglement bien conçu, la *furveillance* fera facile, fûre & efficace.

Quant à l'*exécution*, le réglement à lui impofer doit abfolument être rédigé d'après le fecond de mes principes fondamentaux. Il faut que le coupable ne puiffe s'y cacher; & que le délit même l'accufe. On y par-viendra, en faifant que dans l'Hôpital, il n'y ait pas un feul employé qui n'ait fa fonction, fon pofte & fon département dé-fignés bien pofitivement & de la manière la plus incommunicable, en forte qu'il en foit perfonnellement, individuellement, exclufivement garant & refponfable. Qu'il n'y ait donc pas un feul détail dans l'Hô-pital dont on ne connoiffe celui qui en fera conftamment & exclufivement chargé, afin qu'on ne puiſſe en attribuer la négligence à aucun autre, afin que la négligence accuſe d'elle-même, à l'inſtant & ſans équivoque celui qui l'aura commiſe.

La *reſponſabilité perſonnelle* eſt donc le premier moyen à employer pour régler ſagement l'Adminiſtration *exécutrice*; mais il n'eſt pas le ſeul. Deux autres auſſi eſſentiels doivent s'y joindre, la ſubordination & la reſponſabilité réciproque. On comprendra facilement ce que j'entends par *ſubordination*; mais elle auroit peu d'énergie ſans la reſponſabilité réciproque. Ceci a beſoin de quelque développement.

L'Adminiſtration intérieure d'un Hôpital ſe diviſe naturellement en pluſieurs départemens principaux. Ceux-ci ſe ſubdiviſent eux-mêmes en départemens ſecondaires; ces derniers en d'autres plus petits encore, & ainſi de ſuite juſqu'aux plus minces détails. Cette diviſion, offerte par la nature des choſes, ſe prête d'elle-même à l'idée d'une *hiérarchie* propre à établir tout à la fois, & la répartition la plus préciſe des emplois,

& la subordination la mieux graduée & la plus active. Dans cette hiérarchie, chaque employé sera personnellement responsable envers l'Administration générale & *surveillante* de l'exercice de ses fonctions : mais pour faciliter & *assurer* les recherches de la *surveillance*, il sera bon d'établir de grade en grade entre les divers employés une *responsabilité réciproque*. Ainsi, chaque chef de département répondra non-seulement de sa propre conduite, mais de celle de tous ses subordonnés immédiats ; ceux-ci répondront à leur tour & de la leur & de celle des employés qui leur seront immmédiatement subordonnés, & ainsi de suite jusqu'aux derniers grades. Par ce moyen, aucune négligence ne pourra être commise sans éveiller à l'instant l'intérêt personnel excité de proche en proche par le mobile puissant & coërcitif de la responsabilité réciproque. Chaque département sera pour la *surveillance* ce qu'est pour l'araignée chaque fil de sa toile. Aucun abus ne pourra s'y glisser sans se rendre sensible d'une extrémité de

l'administration

l'Adminiſtration à l'autre, ſans décéler inſ-
tantanément le coupable, ſans provoquer à
l'inſtant ſur lui une peine toujours ſûre de
l'atteindre & de n'atteindre que lui.

Chaque département aura donc ſon chef
unique & perſonnellement chargé de ſa
tenue envers la *Surveillance*. Chaque chef
aura ſous lui le nombre d'employés néceſſaires, diviſés par grades exactement com-
binés en raiſon des ſubdiviſions naturelles
du ſervice, & conſtamment aſſujettis entre
eux à la reſponſabilité ſoit perſonnelle, ſoit
réciproque.

Ainſi, au département des *fournitures*
préſidera, par exemple, un chef unique avec
titre, ſi l'on veut, d'*Econôme*. De ce chef
relèveront divers autres chefs ſecondaires,
correſpondans aux diverſes diviſions de ce
département, telles que la cuiſine, la
pharmacie, la lingerie, la garderobe, les
meubles, &c. Chacune de ces diviſions ſera,
ſuivant la nature de ſon ſervice, tenue par
des employés relevant du chef reſpectif, &
toujours gradués autant qu'il ſera poſſible,

fuivant le même fyftême de fubordination
& de refponfabilité.

Ainfi encore, le département du *fervice
immédiat des malades* aura un chef unique avec titre, fi l'on veut, de *Surintendant des infirmeries.* Ce fervice fe trouvant
tout naturellement divifé par la diftinction
des falles, il fera bon d'affigner à chacune de ces falles un chef unique immédiatement & exclufivement refponfable
envers le *Surintendant* de la tenue de la falle
à lui confiée. Chacun de ces chefs aura fous
lui le nombre d'employés néceffaires au
fervice, conftamment foumis au même chef,
& affectés à la même falle. Les lits mêmes
feront répartis entre eux, de manière à
former de nouvelles divifions, dont chacune aura fes deffervans particuliers & ex-
clufifs. En ifolant ainfi l'Adminiftration,
non-feulement de chaque falle, mais même
de chaque divifion de falle ; en l'ifolant
toutefois fans ceffer de l'affujettir à une
fubordination générale, conftante & graduée, il eft aifé de voir combien d'énergie

acquerront tous les moyens poffibles d'é-
mulation & d'activité.

Le même fyftême, en obfervant toutefois les modifications convenables, devra
s'appliquer à tous les autres départemens
tant principaux que fecondaires. Le principe de l'*unité de chef* devra être conftamment fuivi dans tous, & ce principe eft
très-important. Indépendamment de fon
influence dans l'exercice de la refponfabilité, l'Adminiftration des Hôpitaux ne fauroit être trop énergique, & rien n'eft plus
propre à rendre une Adminiftration molle
& languiffante que la multiplicité des chefs
égaux. L'un excufe ce que l'autre blâme,
l'autre tolère ce qu'il veut qu'on lui fouffre
à lui-même; comme ils ont tous une égale
autorité, perfonne n'eft le maître & tout
le monde l'eft; & delà l'anarchie, la langueur & le défordre. Ayez un chef unique,
les employés favent qui craindre & à qui
plaire; ils ont conftamment un objet fixe
de crainte ou d'efpérance, & rien n'eft plus
propre à les contenir ou à les ftimuler. *Un*

H 2

chef commande , *un* chef infpire , *un* chef
peut être rendu refponfable ; & ce font autant de moyens ou d'énergie , ou d'émulation , ou de régularité , que ne procureront
jamais des Adminiftrations compofées de
Membres égaux en autorité.

D'après ces principes , je crois qu'il fera
bien de foumettre l'enfemble de tous les
départemens à un chef unique , fous le titre
de *Directeur-général*, ou fous tel autre qu'on
voudra choifir. Ce Directeur fera envers la
Surveillance le répondant *immédiat* de la
tenue de tous les départemens , & de la
ftricte exécution de tous les réglemens généraux ou refpectifs. Il aura toute l'autorité
néceffaire à cet effet. On lui accordera le
droit de nommer aux grades inférieurs , de
préfenter des fujets pour les grades fupé-
rieurs , de renvoyer , de caffer , de fufpendre les employés du dernier ordre , ou de
fon propre mouvement , ou fur la dénon-
ciation de leurs chefs refpectifs ; d'avertir ,
de réprimander & de dénoncer à la *Sur-*
veillance fes principaux fubordonnés. Mais

pour prévenir l'unique danger auquel puiſſe expoſer l'*unité d'un chef* dans un Hôpital, ſon influence devra ne s'étendre qu'aux objets de *police* ſeulement, & jamais aux objets de *comptabilité*. Les employés *comptables* ne dépendront de lui que pour l'exécution des réglemens généraux, jamais pour la reddition de leurs comptes; & s'il y aſſiſte, ce ſera comme vérificateur, comme témoin de la remiſe ou de l'emploi, mais jamais comme comptable, ni même comme ordonnateur immédiat.

On voit que j'accorde à ce chef le droit de punir. Je crois également eſſentiel de répartir ce droit de grades en grades, mais avec les proportions & modifications·convenables à leur importance reſpeɛtive. Ce droit eſt néceſſaire, & la reſponſabilité réciproque le rendra très-aɛtif. Aucun chef ne voudra ſouffrir des fautes de ſes ſubordonnés. Perſonnellement reſponſable de leur conduite, perſonnellement intéreſſé à ne pas en ſupporter le reproche, il craindra de s'y expoſer par ſon indulgence. Il ſera

H 3

forcé d'être févère, il les forcera à être exacts.

Le droit de punir eft fans doute un moyen pénible, mais il eft pofitif & immanquable. Il en eft un autre plus doux, auffi efficace, & qui doit en être inféparable, c'eft le droit de récompenfer. Ces deux droits s'aident l'un l'autre, au point de doubler leur énergie mutuelle. La récompenfe ou la peine feule ne ftimule ou ne retient qu'à demi. Un homme qui n'a que la crainte d'être puni, n'a qu'un motif de bien fe conduire; il en a deux, fi vous joignez à cette crainte l'efpoir de la récompenfe.

Il fera donc utile d'établir des récompenfes. Je n'aurois qu'une médiocre confiance à des récompenfes fimplement honorifiques. Elles n'offrent pas conftamment le même attrait à tous les individus; leur énergie dès-lors eft perfonnelle & précaire. Les récompenfes lucratives font d'un effet plus généralement fûr & plus calculable : mais il y a mieux à faire encore, c'eft de les réunir.

Affignez aux divers emplois des appointemens graduellement proportionnés à leur
importance, vous les rendrez honorables &
lucratifs à la fois. Vous affujettirez à la
même proportion l'amour de l'honneur &
celui de l'argent. Quelqu'épris qu'on foit
de l'honneur, on l'aime encore davantage
quand on y trouve fon intérêt. Quelqu'é-
pris qu'on foit de l'argent, l'honneur qu'on
y peut joindre doit toujours en augmenter
la valeur.

Les appointemens & le grade de chaque
emploi une fois fixés, que ces emplois mêmes deviennent un de vos moyens de récompenfe. Cela eft facile. Il fuffit d'établir
des promotions. Il fuffit de ftatuer qu'on
n'arrivera à tel grade qu'après avoir paffé
par tel autre. L'ancienneté & le mérite
réunis décideront ces promotions. Et quelle
ne fera pas l'activité, le zèle, l'exactitude
d'une Adminiftration dans laquelle le dernier Commis pourra concevoir l'efpérance
de devenir quelque jour Directeur général
à force de fervices ?

H 4

Ceci, je l'avoue, reſſemble au régime militaire; mais quel inconvénient peut-il y avoir?
Ce rapprochement, au premier coup d'œil,
peut ſembler bizarre. Il peut paroître ſingulier d'appliquer à la conſervation des hommes le même ſyſtême appliqué juſqu'ici à
l'art de les détruire. Mais ce ſyſtême eſt ſi
ſage, ſi conforme à la marche des paſſions
humaines, il eſt d'un effet ſi ſûr & d'une con-
ception ſi heureuſe, qu'à la vue de ce rapprochement, je ne puis me refuſer à l'affligeante
réflexion que les hommes ont porté plus
loin l'art de ſe détruire que celui de ſe con-
ſerver. L'art de la guerre eſt donc le plus
perfectionné des arts! Lui ſeul a donc l'a-
vantage de repoſer ſur des principes ſûrs,
& d'offrir des réſultats certains! La ſageſſe
humaine ſemble s'être épuiſée à le concevoir! L'eſprit de l'homme ſe porte-t-il donc
de lui-même & de préférence vers tout ce
qui peut lui nuire? Et ſi cela eſt, faudra-t-il imputer à ſa nature même & aux
réſultats néceſſaires de l'ordre moral, les
oublis du Gouvernement, & la négligence

fi fréquente des chofes les plus utiles?

A la bonne heure, dira-t-on, le régime militaire vous a fourni pour celui des Hôpitaux les grands moyens de l'honneur, de l'intérêt perfonnel & de la fubordination. Mais vous donnera-t-il les attentions, la douceur, l'humanité, l'art de confoler fans avilir, de fecourir fans humilier, ces foins tendres & paternels, plus fûrs peut-être que tous les remèdes, plus effentiels peut-être dans les Hôpitaux que l'exactitude, la précifion & la régularité?

Pourquoi pas? ce font des vertus que vous demandez? Le régime militaire ne produit-il pas des vertus? Vous croyez qu'on n'apprend à ce payfan ftupide, à ce jeune homme avili & énervé par une débauche honteufe & prématurée, qu'à porter fon fufil, à tourner à gauche & à droite, à tenir fon uniforme & fes armes propres? Six mois feront à peine écoulés, & cet homme qui n'avoit obéi qu'à regret à un engagement inconfidéré, entrera dans une batterie par l'embrafure, aimera fon corps,

fera fier d'en être, connoîtra les mots
facrés de *Patrie* & de *Gloire?* Qui a créé
en lui ces vertus nouvelles? Il ne les doit
ni à l'éducation, ni à des maîtres. Il les
doit à l'efprit de corps. Il les doit à des
motifs d'émulation fans ceffe préfens à fes
yeux. Il les doit au fpectacle des récompenfes accordées à fon camarade, à l'efpoir probable & à chaque inftant préfenté
de commander après avoir fervi.

Le régime militaire produit toutes les
vertus de cet état. Appliqué aux Hôpitaux,
il produira toutes les vertus des Hôpitaux.
Un mot d'un Officier à fon Soldat éleve ce
dernier jufqu'à l'héroïfme. Un mot d'un
chef à fon fubordonné dans un Hôpital,
peut enflammer celui-ci du faint amour de
l'*humanité*. Récompenfez la ponctualité,
vous rendrez ponctuels les employés de
votre Hôpital. Récompenfez l'humanité,
la douceur, les attentions, vous les rendrez
humains, doux & attentifs. Quelque bril-
lantes que foient les vertus militaires, elles
tiennent à des idées qui devroient les rendre

moins faciles à infpirer. On les infpire cependant, & prefque fans peine. Combien
ne fera-t-il pas plus facile encore d'infpirer
les vertus des Hôpitaux, ces vertus fi dou-
ces, fi propres à remplir celui qui les exerce
d'une fatisfaction fi pure & fi confolante ,
ces vertus que tout homme porte dans fon
cœur, ces vertus fi naturelles qu'on ne
peut y renoncer fans renoncer à la qualité
d'homme ?

S'il étoit un moyen de les empêcher d'y
éclorre, ce feroit de faire qu'il n'y eût aucun mérite vifible à les avoir. L'amour-
propre eft un des premiers alimens de la
vertu; & il y auroit plus que de l'héroïfme, il
y auroit de la bizarrerie à être vertueux fans
trouver le moindre plaifir à voir qu'on vous
en fût gré. Rien donc ne feroit plus dangereux qu'une Adminiftration d'Hôpital où les
vertus comme les vices feroient en commun,
où un délit exifteroit fans qu'on pût connoître le coupable, où aucun acte de vertu n'en
décéleroit l'Auteur, où tout le monde pourroit dire : *ce n'eft pas moi qui fuis coupable,*

où l'on ne pourroit dire à perfonne : *c'eſt vous qui avez été vertueux.* La vertu eſt un moyen d'Adminiſtration ſi précaire qu'on ne ſauroit lui donner aſſez de motifs, ſi on veut l'élever au rang de force poſitive & calculable. Mais le plan que je propoſe y conduit. Par la même raiſon qu'aucun délit ne pourra s'y cacher, aucun acte louable ne pourra y reſter ignoré. Si vous ne laiſſez aucun délit ſans punition, qu'aucun acte louable ne reſte ſans récompenſe. L'un eſt auſſi indiſpenſable que l'autre, & de là l'émulation. L'émulation, ce moyen ſi puiſſant, fondé ſur les deux principaux mobiles du cœur humain à la fois, ſur l'honneur & ſur l'intérêt, répandra ſa brûlante activité dans tous les détails de l'Adminiſtration. Elle s'étendra depuis les premiers grades juſqu'aux derniers. S'amortît-elle par intervalle dans quelques détails, le contact des détails voiſins la rallumeroit à l'inſtant. Suivons-en l'effet dans le plan que je propoſe. Suppoſons l'Adminiſtration *ſurveillante* faiſant ſa tournée de ſalle en ſalle.

Voyons-la comparer de l'une à l'autre la propreté des lits, l'activité du service, la tenue de tous les détails. Voyons-la encourager d'un mot flatteur la moindre différence en bien, punir d'un regard sévère la moindre différence en mal ; & ces différences seroient personnelles, parce qu'il n'y en auroit pas une dont un homme connu & qui seroit là, n'eût à se vanter ou à rougir ; & ces différences se sentiroient, parce que le besoin de les sentir naîtroit du besoin de les comparer, & que le besoin de les comparer naîtroit à son tour de la crainte de ne faire qu'une promenade ennuyeuse si elle étoit oisive. Dans une salle, par exemple, on appercevroit deux colonnes de malades en face l'une de l'autre, dans chacune de ces colonnes même, des divisions, chacune confiées à des desservans particuliers. D'un côté, on verroit des lits mal tenus, on entendroit des malades envier le fort de ceux couchés dans la colonne ou dans la division voisine. De l'autre, des malades, fiers de pouvoir récompenser l'homme sen-

fible chargé de les fecourir & de les confoler, vanteroient fes foins à fes juges, bé-
niroient fes fecours, fe montreroient prefque guéris de les obtenir. On les verroit
mettre à leurs éloges l'empreffement naïf
& touchant de la reconnoiffance. Ce feroient eux qui dicteroient l'arrêt, & les
juges n'auroient plus que la peine de le prononcer.

Tous ces moyens font auffi pofitifs qu'in-
faillibles. Il y a plus, ils feront conftans.
Une fois la machine ainfi montée, qui
pourroit la déranger ? Des caufes particulières & perfonnelles ? Elles feroient en-
traînées à l'inftant par le mouvement général. Quel feroit le négligent, le vicieux,
le malhonnête homme qui pourroit réfifter
à l'impulfion d'un pareil enfemble ? Fût-il
Directeur général, il feroit forcé de céder
ou de fuir. L'autorité même dont il feroit
revêtu, contribueroit à lui faire des ennemis & des furveillans de tous fes fubordonnés. L'efpoir de lui fuccéder les rendroit
intrépides à l'accufer, & il auroit befoin

de corrompre l'Adminiſtration entière avant de pouvoir prouver à un ſeul de ſes Membres qu'il ſeroit de ſon intérêt de s'entendre avec lui.

Tout ce qu'il eſt poſſible de dire ſur l'Adminiſtration des Hôpitaux peut ſe réduire à deux points principaux, la Police & la Comptabilité. Ce qui précéde n'a bien préciſément rapport qu'à la première ; il me reſte à parler de la ſeconde.

La Comptabilité ſe diviſe en deux parties fort diſtinctes : la régie des revenus, que j'appellerai l'*Adminiſtration patrimoniale*, & l'emploi de ces revenus dans les beſoins de l'intérieur, que j'appellerai l'*Adminiſtration économique*.

Je crois qu'il ſeroit infiniment avantageux de rendre l'Adminiſtration *patrimoniale* abſolument extérieure à l'Hôpital, de l'en iſoler & de l'en détacher parfaitement. Les comptes de l'une n'ont en effet rien de commun avec les comptes de l'autre ; & vouloir les rapprocher ſeroit les expoſer à s'entendre enſemble, inconvénient qui en-

traîneroit bientôt les plus funeſtes abus;
Il feroit donc très-à-propos, felon moi, que
la *Surveillance* fe plaçât entre l'Adminiſtration patrimoniale & l'intérieur, de manière à l'empêcher d'y communiquer abſolument. Cette régie pourroit être confiée à une commiſſion particulière, relevant immédiatement de la *Surveillance* à
qui elle rendroit des comptes féparés, &
n'ayant avec l'intérieur d'autre relation que
d'y verfer dans la caiſſe à ce deſtinée les
fommes qui lui feroient demandées par des
ordres exprès & en forme de la *Surveillance*.
Le but de cet ouvrage ne m'autoriſe pas
à en dire davantage fur cet objet. J'ajou-
terai feulement une conſidération que je
crois importante, c'eſt qu'une fois les revenus proportionnés aux befoins connus de
l'établiſſement, il eſt du devoir du Gouvernement de veiller à ce que ces revenus
ne fouffrent jamais d'altération ni de réduc-
tion quelconques. S'ils venoient à en eſſuyer
quelques-unes, il devroit y mettre du fien,
plutôt que d'expofer l'Adminiſtration à manquer.

quer. A un befoin pareil, il doit des reffources fixes & dignes de fon importance.

Quant à l'adminiftration *économique* de
l'intérieur, elle fe divife naturellement en
quatre branches qui fe claffent elles-mêmes
deux à deux : la recette & la dépenfe, la
fourniture & la confommation.

Ces quatre branches doivent fe fervir
mutuellement de preuve. La dépenfe doit
prouver la recette, la fourniture doit prouver la dépenfe, & la confommation doit
prouver la fourniture. Ce font quatre
comptes différens à rendre. Tous les quatre
peuvent fe réduire chacun à une addition ;
ce ne font dès-lors que quatre additions à
vérifier. Si toutes les quatre aboutiffent à
la même fomme, tout eft en régle.

Deux moyens s'offrent de garantir cette
adminiftration de tout abus ; la refponfabilité perfonnelle d'une part, de l'autre,
l'indépendance réciproque defdits comptes.
Ces comptes doivent être féparés l'un de
l'autre, & arriver à la *Surveillance* par des
routes diverfes & incommunicables. Alors

I

il ne pourra y avoir de connivence, & c'eſt le principal abus à craindre.

Voici la marche que je crois convenable. Il y aura une caiſſe établie pour les beſoins journaliers de l'intérieur. Un Caiſſier nommé par la *Surveillance* en ſera perſonnellement chargé & comptable. Ce Caiſſier ſera indépendant de l'adminiſtration *patrimoniale* toujours externe à l'Hôpital. Il n'aura avec elle d'autre relation que de recevoir les ſommes par elle verſées dans ſa caiſſe, ſans s'inquiéter de leur ſource, ſans ſe mêler de ſavoir ſi elles proviendront de revenus fixes ou caſuels, ſans pouvoir recevoir rien que de l'adminiſtration *patrimoniale* excluſivement chargée de fournir ſa caiſſe. La comptabilité de ce Caiſſier ſe réduira à deux opérations. L'une ſera de ſe charger en recette des ſommes verſées dans ſa caiſſe par l'adminiſtration *patrimoniale*, l'autre de porter en dépenſe les ſommes par lui payées à l'adminiſtration des *fournitures*. Sa recette ſera prouvée par les reçus qu'il ſera tenu de fournir à l'adminiſtration *patrimoniale*. Sa dépenſe le ſera par ceux qu'il ſera autoriſé à exiger de l'adminiſtration des *fournitures*. La balance exacte entre les reçus qu'il aura donnés, ceux qu'on lui aura fournis , & l'état de ſa caiſſe au moment du compte, voilà tout ce dont il aura beſoin pour être en régle.

Pour être à l'abri de toute ſéduction , ce Caiſſier relevera directement de la *Sur-veillance*, & devra être abſolument indé-pendant du Directeur général , ainſi que de tout autre Officier de l'intérieur. Il lui ſera défendu de délivrer aucune ſomme à aucun département, qu'à la vue d'un état de beſoin certifié & ſigné par le Chef de ce département, ledit état ordonnancé par l'Econôme, & viſé par le Directeur général. Et il ſera dit que par leſdits état & ordon-nance, ledit Econôme & ledit Chef de-meureront perſonnellement & exécutoire-ment *comptables* envers la caiſſe de la ſomme délivrée.

Ladite ſomme reçue devra être employée immédiatement & au comptant, au beſoin qui en aura motivé la demande. Je dis *im-médiatement*, parce que les dates offriront un moyen de plus de conftater la remife & de vérifier l'emploi. L'argent forti de la caiffe fe métamorphofera en denrée. Ici commence la feconde branche de l'adminiftration *éco-nomique*. Tout étoit recette ou dépenfe ; tout devient fourniture ou confommation.

La *fourniture* fe divifera en plufieurs départemens. Ce feront, par exemple, la Pharmacie (1), la Cuifine, la Lingerie, les meubles, &c. Chacun de ces dépar-temens aura, comme nous l'avons déja dit, fon chef unique, aidé, fi l'on veut, de commis & de fubordonnés, mais per-fonnellement *comptable* de fa tenue, exclu-fivement chargé de tous les approvifion-nemens & fournitures refpectifs. Chacun

---

(1) Je crois inutile d'obferver que le département de la Pharmacie ne dépendra de l'adminiftration des *fournitures* ou de l'*Econôme* que pour la comptabilité feulement. La partie de l'art dépendra du département des Écoles, foit théoriques, foit pratiques, des fciences relatives à l'art de guérir, qu'il pourra être jugé convenable d'unir à l'Éta-bliffement.

de ces départemens fe trouvera tout naturellement placé entre deux parties d'adminiftration qui n'auront rien de commun
entre elles, & qui néanmoins concourront
toutes deux à le vérifier, la *caiſſe* & la
conſommation. De même que les fommes
forties de la *caiſſe* auront dû fe retrouver
dans les mémoires de la *fourniture*, ainſi
les chofes fournies devront fe retrouver
dans la *conſommation*. La *conſommation*
prouvera donc la *fourniture*, comme la
fourniture aura prouvé la *caiſſe*. Il eft donc
effentiel d'établir entre la *fourniture* & la
conſommation, les deux moyens de garantie
offerts ci-devant, l'*indépendance* réciproque,
& la *reſponſabilité* perfonnelle. Le fourniffeur rendra *directement* fes comptes *féparés*
à la *Surveillance*; &, fi fes comptes fe trouvent en balance exacte, foit avec celui
de la *caiſſe*, foit avec celui de la *con-*
ſommation, le fourniffeur fera en règle.

La *conſommation* eft la dernière branche
de l'adminiftration *économique*. C'eft à elle
que tout fe réduit en dernière analyfe.

I 3

Elle doit fervir de preuve générale à tous
les comptes, parce que, tout aboutiffant
à elle, tout doit s'y retrouver.

Les mêmes principes & la même marche
ferviront à la garantir de tout abus. Les
divifions de cette branche fe trouveront
naturellement marquées par la divifion
des falles. Les divers befoins de chaque
falle détermineront les divers objets de
confommation de chacune. On a vu ci-
deffus que chaque falle auroit fon adminiftration particulière & réciproquement
indépendante; que dans chaque falle, les
lits mêmes feroient claffés par divifions
conftamment affujetties à la refponfabilité
perfonnelle. Il faudra pareillement y affujettir la *confommation* dans chaque falle,
& par fuite, dans chaque divifion de
falle.

Ainfi aucun objet de *confommation* ne
pourra arriver dans aucune falle d'aucun
des départemens de *fourniture*, fans que
la remife en foit conftatée *à l'inftant* par
un reçu *daté & figné* des Employés de cette

falle, reçu qui les rendra *perfonnellement comptables* de la valeur de l'objet fourni, & qui devra refter audit département de fourniture comme pièce juftificative de compte. Par exemple, les Médecins auront ordonné dans une falle tant de médecines, tant de potions, &c. De ces ordonnances écrites fur un livre, fous la dictée du Médecin & au chevet du malade, il fera tiré des extraits fignés par le Chef de falle, vifés par le Surintendant des Infirmeries, & qui, envoyés à l'Apothicairerie, conftateront les envois qu'elle devra faire tel jour, à telle heure & à telle falle. Ces envois s'expédieront. Le chef de la falle les recevra & les vérifiera *à l'entrée de la falle*, en donnera fon reçu qui fera reporté à l'Apothicairerie, & en ordonnera enfuite immédiatement la diftribution. La même marche fera établie dans chaque falle à l'égard de chacun des autres départemens de fourniture. Dans chaque falle, du refte, il fera tenu des comptes & regiftres journaux détaillés & exacts de

I 4

tous les objets de confommation y diftribués par chaque département de fourniture. Ces comptes, on le voit d'avance, ferviront de preuve générale, &, comparés par la *Surveillance* aux comptes *féparés* qu'elle fe fera fait rendre par l'adminiftration des *fournitures*, par la *caiffe* & par l'*adminiftration patrimoniale*, le tout lui offrira en quatre additions feulement, ainfi que je l'ai annoncé, le tableau complet & fidèle de toute l'adminiftration *économique* (1).

Je ne préfente en tout ceci, je l'avoue, que des apperçus généraux, mais ils ne font point vagues. Ils repofent fur des principes certains, fur des bafes pofitives. De plus inftruits que moi pourront y fuppléer, y ajoûter, y corriger; mais ce plan me paroît fi fimple, fi naturel, que je ne penfe

_____

(1) La fimplicité de ces comptes les rendroit très-fufceptibles d'être foumis au jugement du Public par la voie de l'impreffion, & cette formalité tant de fois défirée, une fois ordonnée, & toujours en vain, eft peut-être le moyen le plus certain de foutenir l'émulation & de prévenir les abus dans l'Adminiftration des Hôpitaux. Il feroit à défirer qu'on en fît déformais une loi expreffe & rigoureufe.

pas qu'on doive s'en écarter beaucoup. Ce plan du reste, est consacré en partie par une autorité bien respectable, par celle de S. A. R. le Grand Duc de Toscane. Les masses générales en sont empruntées des Réglemens rédigés par ordre de ce Prince pour l'Hôpital Sainte-Marie-la-Neuve de Florence, & actuellement en vigueur dans cet Hôpital, ainsi que dans tous les autres Hôpitaux de la Toscane (1). Les modifications que j'y ai introduites sont légères; on pourra d'ailleurs les juger : mais j'ai suivi ces Réglemens d'assez près, je crois en avoir assez conservé l'esprit, pour être en droit d'assurer que les idées que je propose sont déja garanties par l'expérience.

Je n'entrerai pas dans plus de détails. Il s'en présente une foule à mon imagination ; mais ce seroit un nouvel ouvrage à faire, & peut-être cet ouvrage seroit-

---

(1) *Regolamento del Regio Arcispedale di Santa Maria Nuova di Firenze , in-4°. Firenze 1783. J'en prépare en ce moment la traduction.

il au-deſſus de mes forces. Je le demande
ſeulement au Public, au Gouvernement,
aux Savans prêts à juger la grande queſtion
que le Projet de M. Poyet a fait naître :
une Adminiſtration de *grand* Hôpital ainſi
conçue, excède-t-elle les bornes de l'activité & de l'intelligence humaines? Eſt il
vrai, d'après ce plan, que les adminiſtrations de *grands* Hôpitaux ſoient condamnées *par la nature* à tous les abus qu'on
leur reproche, & qui, ſelon moi, ne
doivent s'imputer qu'à des circonſtances
locales? Non-ſeulement j'oſe le nier, j'oſe
penſer même que les *grands* Hôpitaux,
une fois aſſujettis à un ſyſtême pareil,
ſeront peut-être ſuſceptibles d'une plus
parfaite adminiſtration que les *petits.* Cette
aſſertion ne ſera un paradoxe que pour
ceux qui voudront oublier que les *grands*
Hôpitaux offriront plus d'occaſions de
récompenſer & de punir, dès-lors plus
de chances d'émulation; que le nombre
de leurs employés & l'étendue de leur
hiérarchie les rendra plus ſuſceptibles de

cet enthousiasme qui électrise les ames, qui est si prompt à s'allier à toute idée de grand établissement (1), & qui ne s'allumera jamais dans des établissemens divisés, isolés, circonscrits, naturellement soustraits par leur petitesse à l'énergique influence de l'opinion publique, à l'impulsion coërcitive & puissante que le Gouvernement seul est capable de donner aux grands objets de sa surveillance immédiate.

_____

(1) Cela est si vrai que, malgré les maux innombrables qu'il recèle, & dont ses vices physiques font la cause nécessaire, malgré même le préjugé général d'horreur & d'effroi qu'il inspire, personne, même dans le peuple, en pensant à l'Hôtel-Dieu de Paris, ne peut se défendre d'une certaine vénération involontaire, mêlée, il est vrai, d'un regret d'autant plus vif peut-être, que l'on est disposé à en attendre davantage. Que seroit-ce si cet Etablissement étoit un asyle de consolation & de véritable secours ?

CHAPITRE VI et dernier.

Résumé et Conclusion.

J'ai dû marcher pas à pas au milieu des nombreux préjugés, de la foule inconcevable d'idées fauffes accumulées jufqu'ici dans la grande queftion des fecours publics. Ces préjugés & ces idées étoient prefque tous confacrés par le temps ou par des autorités impofantes. Tel étoit leur empire, que la vérité, en fe montrant fans précaution, couroit à chaque inftant le rifque d'être prife pour le paradoxe. J'ai dû l'exagérer quelquefois & pour un moment, afin d'augmenter fon énergie. Les plus grands obftacles qu'elle pût éprouver venoient d'idées particulières & locales, érigées, faute d'autres, en principes généraux & univerfels : j'ai dû, pour les détruire, me donner par inftans le tort de mes adverfaires, &, pour les tirer du vafte champ

des généralifations, m'enfoncer comme eux
& à leur fuite, dans cette carrière trom-
peufe. Souvent nos principes ne différoient
que par les mots & la tournure ; mais
ces mots ou cette tournure influoient fur
la liaifon des idées, & conduifoient à des
réfultats oppofés. J'ai donc dû difputer
fur les mots, & fatiguer quelquefois mes
lecteurs de difcuffions en apparence minu-
tieufes. Je dois l'avouer, mais non m'en
repentir. Il le falloit, & ce n'eft pas ma
faute. Il le falloit, & j'ai vivement &
plus d'une fois éprouvé pendant le cours
de mon travail, combien il étoit défa-
gréable de ne pouvoir, en écrivant fur
les Hôpitaux, éviter de faire un ouvrage
polémique. Je ne fuis au refte tombé dans
aucun de ces torts fans les fentir ; mais,
auffi-tôt qu'il m'a été poffible, je me fuis
empreffé de les réparer, en faifant fuccéder
des idées pofitives & précifes à des difcuffions vagues en apparence. Ces aveux
me font néceffaires ; ils m'autorifent à
prier mes lecteurs de fufpendre quelque-

fois leur jugement fur les diverfes propo-
fitions de cet ouvrage. Telle aura pu leur
paroître au premier coup d'œil exagérée
ou inutile, qu'ils trouveront bientôt après
ou rectifiée, ou appliquée. L'enfemble feul
doit déterminer leur décifion, & je le
crois compofé de vérités affez pofitives,
affez liées, affez bien démontrées, pour
offrir un réfultat digne de quelque attention.

Si les idées premieres de Gouvernement
& de Société n'ont dû leur naiffance qu'au
befoin de fecourir & de défendre les
foibles & les opprimés ; fi les plus grands
défordres peuvent être la fuite des befoins
extrêmes ; fi toute jouiffance fociale eft
fondée fur un travail préliminaire, s'il
eft dès-lors indifpenfable, pour l'intérêt
même de la claffe jouiffante, de veiller à
la confervation de la claffe laborieufe,
la grande queftion des fecours publics n'eft
donc pas une queftion *morale* ou de bien-
faifance pure, c'eft une queftion de *Police*
& d'Adminiftration. Secourir les pauvres

malades n'eft donc point une *vertu*; c'eft un *devoir* du Gouvernement; c'eft même plus, c'eft un *befoin* de l'État.

Si c'eft un befoin *public*, pofitif & fixe, on doit craindre de ne lui affigner que des reffources *morales*, variables & précaires. Si les moyens *privés* font infuffifans pour y fubvenir; s'ils ne font pas fufceptibles d'une extenfion proportionnée à l'étendue du befoin; fi, confervés feuls, ou employés comme inftrument *public* & *immédiat* d'Adminiftration, il eft prouvé qu'ils fe dénatureront au point de devenir dangereux & funeftes : le Gouvernement doit dès-lors appliquer à ce befoin des moyens *publics* & appuyés de toute l'énergie qui lui eft propre. S'il eft prouvé que les Hôpitaux foient le feul moyen à fa portée pour remplir ce befoin, il doit fonder des Hôpitaux.

S'il eft néceffaire de fonder des Hôpitaux, il l'eft *également* d'en proportionner l'étendue à celle du befoin qu'ils doivent fecourir. Ils doivent donc être *fuffifans*.

S'il fe trouve quelque à-peu-près dans l'évaluation à faire à cet égard, ce befoin eft trop facré, trop important, pour qu'il foit permis au Gouvernement d'écouter fur cet objet des idées de parcimonie qui n'épargneront jamais autant d'argent qu'elles pourront caufer de maux.

S'il eft prouvé que le *Gouvernement* foit chargé & *refponfable* envers la *Société* du foulagement de tous les pauvres malades auxquels les fecours privés ou de Paroiffe n'auront pu fuffire ou s'étendre; que ce devoir foit tel pour lui, qu'il ne doive s'en rapporter qu'à lui-même, qu'il doive fe le réferver *exclufivement*, & le regarder comme un des premiers objets de fa furveillance *immédiate* : s'il eft prouvé d'autre part, que le fyftême de fonder des Hofpices dans les grandes Villes au lieu d'un grand & unique Hôpital tend à *foustraire* ces établiffemens à la furveillance *immédiate* du Gouvernement; fi ce fyftême rentre par fes formes & par fa nature, dans celui des fecours *privés* faits pour refter *indépendans*

pendans de l'Adminiftration *publique*, pour ne pouvoir même fe *concilier* avec elle ; le Gouvernement a déja de bien fortes raifons de préférer le fyftême d'un grand & unique Hôpital à celui des Hofpices divifés. Mais, fi la fondation même de ces Hofpices laiffe fubfifter la néceffité d'un grand établiffement général deftiné à leur fervir de centre & de fupplément, à prévenir ou réparer la foule d'oublis & de négligences, à trancher la foule de difcuffions que peuvent occafionner l'indépendance réciproque, & l'ifolement néceffaire des divers refforts de ces Hofpices : s'il eft prouvé d'ailleurs par les principes d'une faine phyfique, s'il eft démontré par l'exemple d'une foule d'Hôpitaux exiftans, que de *très-grands* Hôpitaux peuvent être auffi *falubres* que de *très-petits* ; s'il eft prouvé qu'il exifte de *très-grands* Hôpitaux dont l'adminiftration intérieure eft, auffi bien que dans de *très-petits*, à l'abri des erreurs, des abus, des pertes & du pillage, où cette admi-

K

niftration n'eft aucunement fujette à la *négligence des foins de détail* jufqu'ici *mal à propos* regardée comme *effentiellement inhérente* à toute adminiftration de *grands* Hôpitaux : fi, indépendamment de ces faits, il eft poffible de puifer dans l'expérience, dans la nature même des chofes, dans les principes de l'ordre moral, le tableau d'une adminiftration de *très-grand* Hôpital où tous les détails foient *apperçus* & *foignés*, armée de forces dont l'action foit *infaillible* & *conftante*, dont l'activité ne perde rien, *fe reproduife* même *à chaque détail* avec *autant d'énergie* que dans l'enfemble : fi, après toutes ces raifons, on écoute la confidération, alors à fa place, que trente Hofpices, que vingt, que dix, que quatre, que deux même, coûteront néceffairement davantage qu'un feul qui contiendra autant de lits qu'eux tous ; alors il fe a démontré que le Gouvernement doit abfolument renoncer à tout autre fyftême qu'à celui d'un grand & unique Hôpital, & qu'il ne peut, fans s'expofer à manquer à l'un de ſes premiers devoirs, abandonner les pauvres malades à des ſyſtêmes funeſtes, & qui n'ont d'autre appui que de vaines & trompeuſes préventions.

Oui, quatre Hôpitaux, deux même, coûteront néceſſairement plus qu'un ſeul qui leur ſera égal en nombre de lits. Cette aſſertion n'a pas même beſoin de preuve. Qui ne voit qu'il eſt, ſoit dans la conſtruction, ſoit dans la régie d'un grand Hôpital, une foule de détails qui chacun ne s'y rencontreront qu'une fois, & qu'il faudra répéter autant de fois qu'on voudra établir de petits Hôpitaux pour le ſuppléer? Qui ne voit que la Chapelle, que la Pharmacie, que la Cuiſine, que la Lingerie, que toutes les deſſertes poſſibles, n'auront pas beſoin d'être très-ſenſiblement plus petites dans un Hôpital de trois mille lits que dans un de ſix mille, & qu'il faudra cependant les répéter chacune deux fois, ſi l'on veut faire deux Hôpitaux de trois mille lits chacun? Qui ne voit qu'à un Econôme, à un Chef d'apo-

thicairerie , de cuifine , de lingerie , il
faudra donner, dans un Hôpital de trois
mille lits, des appointemens prefqu'auffi
forts que dans un de fix mille, & que dès·
lors toutes les dépenfes de ce genre feront
prefque doubles fi l'on fait deux Hôpitaux,
à peu de chofe près quadruples, fi l'on
en fait quatre ? Il fuit delà que, fi l'on
a les fonds néceffaires pour conftruire
deux ou quatre Hôpitaux, on en a plus
qu'il n'en faut pour en conftruire un feul.
Ce n'eft donc point par économie qu'on
peut prendre ce parti. Ce n'eft point non
plus par la crainte de faire de grands
Hôpitaux, car ces deux, ces quatre Hôpitaux feront encore très-grands. Quelle
raifon pourroit donc appuyer ce fyftême ?
Seroit-ce l'efpoir de ne les faire que l'un
après l'autre ? Ce feront, il eft vrai, moins
de fonds à facrifier pour le moment ; mais
qu'importe, s'il faut toujours les facrifier
à la longue ? Qui empêche d'ailleurs de fe
procurer tout de fuite, par un emprunt ou
par telle autre voie d'anticipation qu'on

voudra, tous les fonds néceffaires pour élever fur le champ un feul & grand Hôpital? Une foufcription, déja fignée par les noms les plus illuftres, & fecondée par d'innombrables fuffrages, alloit les offrir il y a un an, fans les fatales difcuffions qui vinrent foudain glacer l'enthoufiafme public. Quand ce moyen ne feroit plus fufceptible de renaître, quand il faudroit acheter par des *intérêts* la fomme dont on auroit befoin, s'il eft décidé qu'il faille bâtir, s'il eft démontré que plufieurs Hôpitaux coûteront plus qu'un feul, ces *intérêts* ne fe trouveront-ils pas acquittés & au-delà par la différence de prix des deux fyftêmes?

Mais c'eft peu que cette confidération, & il en eft une bien autrement importante. Le befoin des pauvres malades de la Capitale eft tel qu'une fois connu, on ne peut fans barbarie différer d'y pourvoir. Le parti de faire deux ou quatre Hôpitaux ne peut avoir, je viens de le prouver, d'autre prétexte un peu folide, que la commodité de les faire l'un après l'autre. Voilà donc les pauvres malades encore

abandonnés à la merci & aux hafards d'une
opération à faire à quatre reprifes. On en
commencera un, je le veux. Sait-on ce qui
arrivera avant qu'il foit achevé? Qui ga-
rantira aux pauvres que, d'ici à l'époque
où l'on pourra s'occuper du fecond, les
difpofitions du Gouvernement refteront
les mêmes? Un grand Hôpital à bâtir eft
une feule opération, & n'a befoin que d'une
feule volonté. En en creufant les fondations, non par parties, mais toutes enfemble, en l'élevant par affifes égales &
dans toute fon étendue à la fois, on s'im-
pofe la loi de l'achever, on fe met dans
l'impoffibilité de s'arrêter avant d'avoir
fini, & dans un befoin de cette nature, il
eft prudent, il eft humain, il eft indifpenfable de s'impofer cette loi, de fe
mettre dans cette impoffibilité. Quatre
Hôpitaux feront quatre opérations. Pour
quatre opérations il faut quatre volontés.
Les volontés meurent avec les hommes,
& les Souverains font des hommes. Qu'un
Roi bienfaifant fe fuppofe à ce moment
où le regret du bien qu'il n'aura pas eu le

tems de faire eft le plus grand des maux qu'il ait à craindre, qu'il fera confolant alors pour lui d'avoir, par la précaution la plus fimple, la moins coûteufe, la plus conforme au véritable intérêt des pauvres, affuré l'exécution des projets les plus chers à fon cœur, de les léguer à fon Succeffeur comme la plus précieufe portion de fon héritage, de fe furvivre en quelque forte à foi-même, en mettant ce Succeffeur dans la néceffité d'achever fon ouvrage, & de recueillir le plus honorable, le plus doux fruit de fes vertus (1) !

Je dois m'arrêter ici. C'eft au cœur d'un Roi ami de fon Peuple, d'un Roi pour

___

(1) J'ai prouvé que quatre Hôpitaux feront tout auffi difficiles à adminiftrer, tout auffi expofés à être infalubres, & en outre beaucoup plus coûteux, foit à régir, foit à fonder, qu'un feul. Malgré toutes ces confidérations, il eft poffible que le parti d'en faire un feul continue de paroître plus *effrayant* que celui d'en faire quatre. Ce ne fera bien certainement qu'un préjugé : mais comment le prévenir ? L'efprit de l'homme eft trop aifément féduit par les premières apparences, il lui eft trop commode de préférer ce qui lui *femble* plus facile à ce qui au fond l'*eft réellement* davantage ; & quatre fois douze cent a beau être égal à quatre mille huit cent, quatre Hôpitaux de douze cent lits *fembleront* toujours moins effrayans à établir & à régir qu'un

qui le titre de Pere des infortunés est le
plus beau de tous les titres, que cette

Hôpital de quatre mille huit cent lits. Qu'importe du reste,
pourvu que les quatre mille huit cent lits soient enfin fondés,
pourvu qu'ils le soient sur le champ, tous ensemble, & de
manière à n'y pas revenir à deux fois? Il en coûtera davantage; la chose faite, on pourra regretter d'avoir fait quatre
Hôpitaux au lieu d'un: mais les quatre mille huit cent lits
existeront, les pauvres malades ne périront plus à la porte
ou dans l'enceinte d'un Hôpital insuffisant, & ce pressant
intérêt doit l'emporter désormais sur tout intérêt d'amour-
propre ou d'opinion. Le plus grand des dangers est de ne rien
faire ou de ne faire qu'à demi; & l'embarras plus grand, la
dépense plus forte des quatre Hôpitaux sont bien moins à
craindre encore que les prétextes innombrables & séduisans
qui pourront se présenter de *diviser* cette opération. Qu'on
s'assure donc, en la décidant, de tous les moyens possibles
de prévenir tout ce qui pourroit empêcher d'en faire une
opération unique, générale, soudaine, indivisible. Que
les frais des quatre Hôpitaux soient calculés, que les
fonds en soient préparés, que les quatre premières pierres se
posent à la fois, que les quatre capitaux nécessaires à former les revenus soient assignés d'avance. En ne faisant qu'un
seul Hôpital, on lui affecteroit tout simplement les revenus
actuels & en masse de l'Hôtel-Dieu. Ce ne seroit qu'un *démé-
nagement* à faire. En en faisant quatre, il faudra diviser ces
revenus en quatre lots, en établir la répartition sur des bases
solides, faire dès-lors subir à ces revenus existans un partage, un démembrement, qui peuvent être sujets à des embarras, à des obstacles, tout au moins à des lenteurs. Ces
revenus suffisans pour un seul Hôpital, peuvent ne pas l'être
pour quatre. Pour en fonder quatre, il faudra augmenter ces

confidération s'adreffe ; il ne m'eft plus permis d'en invoquer d'autres. Des efforts hafardés au milieu même de la guerre la plus onéreufe, atteftent l'intention où il eft de s'occuper de ce befoin preffant. C'eft par fes ordres qu'en ce moment les Savans travaillent à raffembler toutes les lumières propres à l'éclairer. Jamais queftion plus importante ne leur fut propofée. Ils le fentent, & leur décifion fe prépare. Tant de difcuffions vont enfin avoir une iffue. Le cœur des pauvres peut s'ouvrir à l'efpérance. Jamais elle ne fut mieux fondée. Jamais il ne leur fut auffi permis de croire que leurs larmes feront effuyées, & que leurs maux vont finir.

revenus. Tout cela doit être indifpenfablement prévu d'avance. Il le faut, & les pauvres, ces pauvres, périffant par milliers tandis qu'on diffère à les fecourir, ne feront sûrs de rien, tant qu'il reftera la moindre chofe à prévoir, à décider, à arrêter à cet égard.

FIN.

TABLE
DES CHAPITRES.

Fin de la Table.

APPROBATION.

J'ai lu, par ordre de Monseigneur le Garde des Sceaux, un Manuscrit ayant pour titre : *Essai sur l'Etablissement des Hôpitaux dans les grandes Villes, &c ;* & je n'y ai rien trouvé qui puisse en empêcher l'impression. A Fontainebleau, le 5 Novembre 1786.

MONTUCLA, Censeur Royal.

PRIVILÉGE DU ROI.

LOUIS, PAR LA GRACE DE DIEU, ROI DE FRANCE ET DE NAVARRE : A nos amés & féaux Conseillers les Gens tenans nos Cours de Parlement, Maîtres des Requêtes ordinaires de notre Hôtel, Grand-Conseil, Prévôt de Paris, Baillifs, Sénéchaux, leurs Lieutenans Civils, & autres nos Justiciers qu'il appartiendra ; SALUT. Notre amé le sieur C***, Auteur du *Mémoire sur la nécessité de transférer l'Hôtel-Dieu de Paris,* Nous a fait exposer qu'il desireroit faire imprimer & donner au Public un *Essai sur l'Etablissement des Hôpitaux dans les grandes Villes ;* s'il Nous plaisoit lui accorder nos Lettres de permission pour ce nécessaires. A CES CAUSES, voulant favorablement traiter l'Exposant, Nous lui avons permis & permettons par ces Présentes, de faire imprimer ledit Ouvrage autant de fois que bon lui semblera ; & de le faire vendre & débiter par-tout notre Royaume, pendant le le temps de cinq années consécutives, à compter du jour de la date des Présentes. FAISONS défenses à tous Imprimeurs, Libraires & autres personnes, de quelque qualité & condition qu'elles soient, d'en introduire d'impression étrangère dans aucun lieu de notre obéissance A LA CHARGE que ces Présentes seront enregistrées tout au long sur le Registre de la Communauté des Imprimeurs & Libraires de Paris, dans trois mois de la date d'icelles ; que l'impression dudit Ouvrage sera faite dans notre Royaume & non ailleurs, en beau papier & beaux caractères ; que l'Impétrant se conformera en tout aux Réglemens de la Librairie, & notamment à celui du 10 Avril 1725, & à l'Arrêt de notre Conseil du 30 Août 1777, à peine de déchéance de la préfente Permiffion ; qu'avant de l'expofer en vente, le manufcrit qui aura fervi de copie à l'impreffion dudit Ouvrage, fera remis dans le même état où l'Approbation y aura été donnée, ès mains de notre très-cher & féal Chevalier, Garde des Sceaux de France, le Sieur HUE DE MIROMESNIL, Commandeur de nos Ordres ; qu'il en fera enfuite remis deux Exemplaires dans notre Bibliothèque publique, un dans celle de notre Château du Louvre, un dans celle de notre très-cher & féal Chevalier, Chancelier de France, le Sieur DE MAUPEOU, & un dans celle dudit Sieur HUE DE MIROMESNIL : le tout à peine de nullité des Préfentes ; du contenu defquelles vous mandons & enjoignons de faire jouir ledit Expofant & fes ayans-caufe, pleinement & paifiblement, fans fouffrir qu'il leur foit fait aucun trouble ou empêchement. Voulons qu'à la copie des Préfentes, qui fera imprimée tout au long, au commencement ou à la fin dudit Ouvrage, foi foit ajoutée comme à l'original. Commandons au premier notre Huiffier ou Sergent fur ce requis, de faire, pour l'exécution d'icelles, tous Actes requis & néceffaires, fans demander autre permiffion, & nonobftant clameur de Haro, Charte Normande, & Lettres à ce contraires : CAR tel eft notre plaifir. Donné à Paris, le quatorzième jour du mois de Décembre, l'an de grace mil fept cent quatre-vingt-fix, & de notre Règne le treizième. Par le Roi en fon Confeil.

Signé LE BEGUE.

Regiftré fur le Regiftre XXIII de la Chambre Royale & Syndicale des Libraires & Imprimeurs de Paris, N° 963, fol. 114, conformément aux difpofitions énoncées dans la préfente Permiffion ; & à la charge de remettre à ladite Chambre les neuf Exemplaires prefcrits par l'Arrêt du Confeil du 16 Avril 1785. A Paris, le 15 Décembre 1786.

Signé KNAPEN, Syndic.

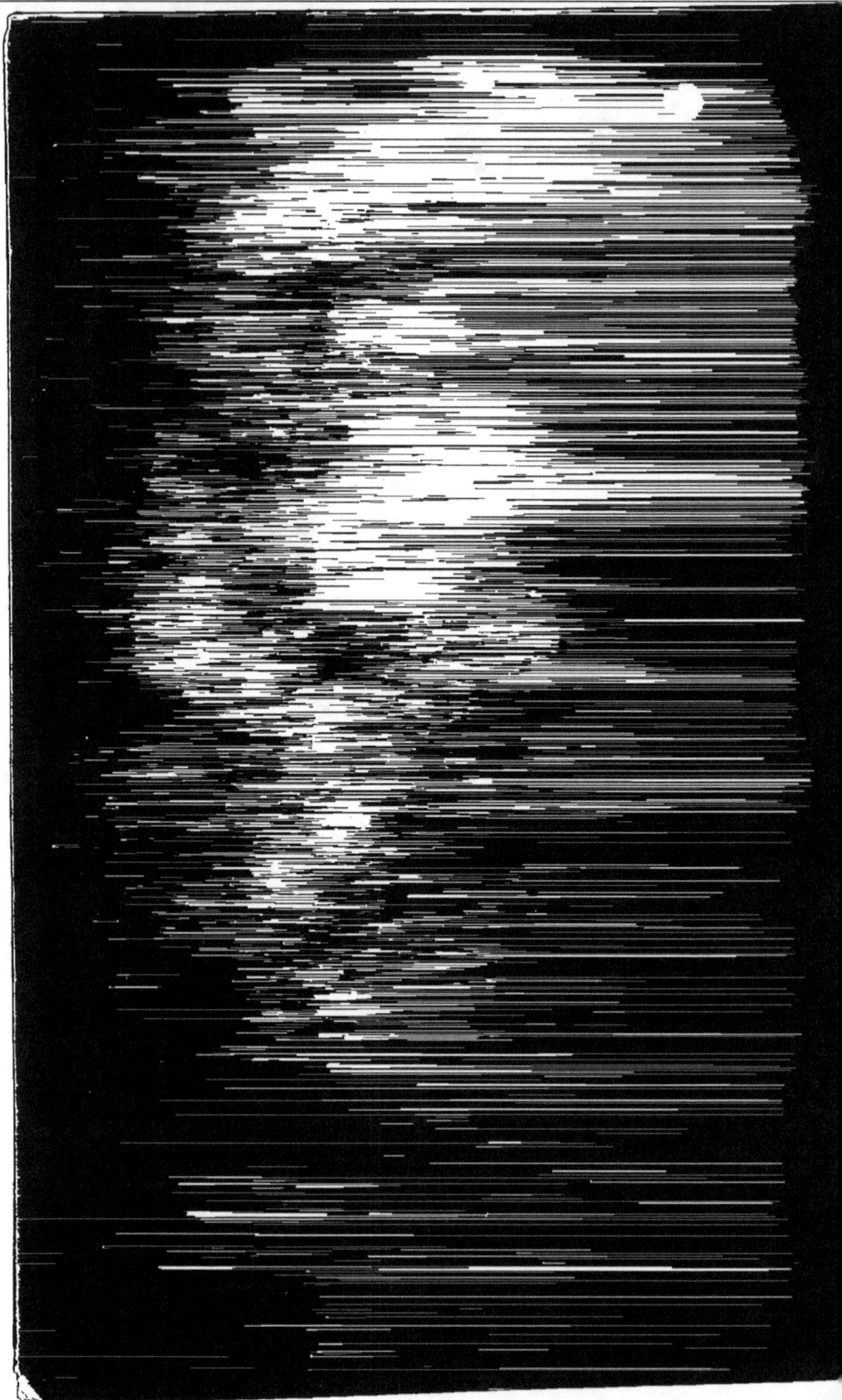

www.ingramcontent.com/pod-product-compliance
Lightning Source LLC
Chambersburg PA
CBHW072149270326
41931CB00010B/1939